ミスタープロ野球
長嶋 NAGA SHIMA

数値が証明する軌跡と奇跡

三ツ森正人
MITSUMORI MASATO

幻冬舎 MC

はじめに

「〝記録の王〟〝記憶の長嶋〟」

　右の言葉は往年の超スーパースター〝ON〟こと、王貞治、長嶋茂雄を端的に言い表す言葉としてよく言われている。

　しかし、この表現は正直、正鵠《せいこく》を得ていない。この表現を正確とするためには前提が必要となる。その前提とは、あくまで王、長嶋両者のみの間で比較した場合ということである。

「記録」、「記憶」というゴロの良さも手伝ってこの表現は広まっていったが、実のところ正確ではない。むしろ、私は誤解を招きかねない表現だと言いたい。

〝あまりにもの傑出した記録〟のため、〝記録の王〟と言われるが、いうまでもなく、王の活躍に、記憶に残るものが、印象に残るものがないというわけではない。

1971年、阪急ブレーブスとの日本シリーズ3回戦における、9回裏2アウトからの王のサヨナラスリーランは劇的であった。

私はその場面をテレビで見ていたが、最初は何か別なシーンを挿入したのかと思ったぐらいビックリした。ハンク・アーロンを抜いたホームラン等枚挙にいとまがない。だから「記録の王」という表現は、「世界の王」に対して失礼ともいえる。

ひるがえって、長嶋の場合はどうか。

彼は首位打者を6回獲得しており、右打者においては日本記録である。シーズン最多安打は10度（在年17年）あり日本記録である。日本シリーズで4回もMVPを獲得しており、2位以下の2回を引き離している。また日本シリーズにおける通算安打、打点は日本記録を保持している。


こうしてみると、単なる記録王、記憶王という後世の人が誤解を招きかねないこの表現はむしろ止めるべきであろう。しかし、長嶋に関してはやはり〝記憶〟の長嶋というのは適切である。スター性において不出生のスターだからである。

彼は別名「ミスタープロ野球」と言われる。その周囲に与えた影響はあらゆる面において群を抜いている。世界の王といえども、そして野球の神様川上哲治も、三度の三冠王に輝いた落合博満も、その比ではない。

それは私の単なる主観ではない。またマスコミの見せ方ではない。本人のパフォーマンスだけではない。実際、客観的な数値、記録から、間違いなくそう言えるのである。本書ではそれを示していく。

「ミスタープロ野球」「燃える男」と言われた長嶋のすごさ、そして何故こんなに人気があったのかを、真の意味で理解していただきたい。長嶋ファンでなくても納得いただけると確信している。

是非ご一読を！

目次

第1章　長嶋誕生

傑出した存在ではなかった高校時代

不出生のスーパースター長嶋は、昭和11年2月20日千葉県印旛郡臼井町（現在の佐倉市に編入）で農家の二男二女の末っ子として生まれた。２６００グラムという小さな赤ちゃんであった。

ここからは中央公論新社から出版された『野球は人生そのものだ』（著：長嶋茂雄）を参考に野球選手になるまでの長嶋を見てみよう。生まれた時からスター性を仄《ほの》めかすものが垣間見える。この昭和11年は職業野球、いわゆる「プロ野球」が誕生した年なのである。２月20日は第二回目のアメリカ遠征の壮途についた巨人軍18名がハワイ・ホノルルについた記念すべき日でもある。長嶋は〝オギャー〟といわずに「『プロ野球』はこの俺が発展させる」と言ったのではないかとさえ思わせる。そして、彼は成長し今日の「プロ野球」の盛隆をもたらすのである。

しかし、大学を終えるまでは、長嶋はそんな傑出した存在ではなかった。小学生の頃のあだ名は「チビ」だったという。しかし運動神経は抜群で、投げること、走ることは特に優れていた。

当時の日本では、すでに野球は市民の間で浸透しており、町内大会も盛んに行われていた。彼も6歳年上の兄に連れられて青年団野球クラブ「ハヤテ・クラブ」に入った。小学4年生の時であり、これが『これが私の野球事始』と述べている。暇さえあれば兄とキャッチボールをやっていたという。父が買ってきたグローブと、母の手作りのボールでより一層、草野球に励んだに違いない。

昭和23年、佐倉臼井二町組合中学（佐倉中学）に入学。わき目も振らず野球部に入部した。授業で将来の夢という作文を書くことになったが「プロ野球選手」と書いている。野球部の新入部員数は100名もいた。しかし、1年生から正遊撃手、2年生のときに3番を打った。身長も166センチと急成長し、「チビ」から卒業した。

3年生の時には主将となっている。ポカが多かったらしいが、スーパースターの片鱗も見せる。地元の印旛郡中学対抗野球大会での決勝戦で、9回の裏の土壇場で、ランニングホームランで優勝を勝ち取った。時代は赤バットの川上哲治、青バットの大下弘が活躍していた頃で、昭和24年にセ・パ両リーグ制となり、翌年から日本シリーズがスタートした。

彼は名門・千葉一高からの誘いをことわり、地元の佐倉一高を選んだ。無名高ではあったが、コーチは立教大学生の加藤哲夫という人で指導は厳しかったという。タイガースの物干し竿といわれた長大のバットを振り回す藤村富美男にあこがれていた長嶋は、彼のバッティングをまねて一人悦に入っていた。「4番サード長嶋」と自分で実況をまねて練習に励んでいたらしい。

甲子園には行けなかったが、二次予選の南関東大会では、準々決勝の熊谷高戦において、6回の3打席目でインコース高めの2球目を見事ライナーで特大のホームランを放っている。県営大宮球場で飛距離は130m。なんとこれが、彼が高校時代に公式戦で放った唯一のホームランである。たった1本だが、超特大のホームランであり、無名の高校生が世に出るきっかけとなった。

私は、スーパースターというのはこういうものなのかと思う。これがスカウトの目に留まったのだ。プロから大映、阪急、そして憧れの巨人からも打診があった。しかし、彼の父親は『これからは、学問も大事だ』と言い、その強い態度に押されて立教大学に行くことになった。

ちなみに、高校3年の時ショートからいきなり三塁に回されて「サード長嶋」になったという。エラーが多いためだ。ところが三塁手となると動きやすくなったのか、ファインプレーが飛び出し、名三塁手となった。そうは言っても、高校時代までは特筆するほどの実績はない選手だったことも確かだ。

鬼の砂押監督の下、東京六大学のスターに

立教大学野球部の監督は「スパルタで人間をつくる」を信条とする鬼の砂押邦信である。彼は昭和25年に立大監督に就任し、長嶋が高校3年生の時に20年ぶりの優勝をもたらした。

長嶋は推薦による入学だったが、それでも野球部の「セレクションキャンプ」をパスする必要があった。合宿所の大広間で行われた自己紹介で「佐倉一高の長嶋です」と言ったが、何の反応もなかったという。それも当然であろう。セレクション受験生の80人中20人もが甲子園出場経験者だったのだ。

私は昔観たテレビ番組で、佐倉一高当時の長嶋と一緒にプレーした野球部の同級生が登場し、その同級生（４人ぐらいだったと思う）が口をそろえて「あんなすごい選手になるなんて夢にも思わなかった」と言っていたのを覚えている。「引っ張るよりライト方面へ打つことが多かった」とも言っていた。

キャンプの三日目に紅白戦が行われた。相手の投手は後に南海ホークスのエースとなる杉浦忠である。杉浦は８回まで無失点で抑える力投をする。その杉浦から左中間二塁打を放ったのが長嶋である。バッティングゲージで鬼の砂押錦吾監督がそれを見ていた。長嶋は推薦順位２番で通過した（１番は本屋敷、３番は杉浦）。バッティングはともかく、守備は下手で、ショートの本屋敷とは月とスッポンであった。

鬼の砂押監督は言葉通りの指導を行った。例えば一人がノックを取り損なうと連帯責任いうことで全員がまた練習をやり直す、と言う。それでやり直しが続き、疲れた体で「夜間練習」が行われた。「月夜の千本ノック」という話は伝説ではなく事実だったのだ。

砂押監督は長嶋を、本屋敷には及ばないものの「粗削りだが素材はいい。磨けば光る」選手と見ていたようだ。彼には守備用、打撃用の二人のコーチがついた。

長嶋に対する期待感が見て取れる。長嶋自身「（野球部を）止めたいと思ったことは一度もない」と言っている。おかげで守備範囲が広くなり、肩もよくなった。

長嶋が1年生の時に父親が亡くなっている。亡くなる時、父親は「六大学一番の選手になれ。プロに行っても富士山のような日本一の男になれ」と言い残した。

昭和29年4月、東京六大学春のリーグ戦が開幕した。六大学はプロ野球より人気があった。長嶋は対東大戦の3回裏に、3塁の守備についた。グランドに立ったのは新人の中でただ一人であった。打席にも2度立ち、サードゴロふたつであった。

2年生の秋から「4番サード長嶋」が定着した。この秋の開幕戦に0・343で打率3割を超え、そして9回に第1号のホームランを放った。

3年生の時は春にホームランを2本放ち、打率は0・458で初の首位打者を獲得した。秋にはホームラン3本を放っている。

4年生の時の春の大会で、立教大学は8シーズンぶりに優勝を決めた。ちなみに杉浦は12試合中10試合に登板して8勝をあげ、優勝に貢献した。長嶋も連盟タイ記録の７号本塁打をレフトスタンドに叩き込んだ。

このように述べていると、長嶋はすでにとてつもない大成績を上げているように見える。それを否定することはできないが、これはあくまで長嶋がプロ野球で大活躍したために、あとから注目できるのだとも言える。というのは、長嶋の大学通算打率は３０４打数87安打で０・２８６の２割台である。１年生の秋は０・１５８、二年生の春は０・１７０であり、大学ホームラン新記録の年の春はなんと０・２２５の低打率である。

しかし、しかしである。ここが違うのだろう、秋の大会に大スーパースターの片鱗を見せつけることになる。４年生の秋の慶大戦（11月３日）、最終戦でもあった試合で、六大学新記録のホームラン８号（２打席目）を放つのである。長嶋はこの時、手をまわしスキップをしながらベースを回った。さらに、第４打席も安打を放ち、二度目の首位打者となった。二度目というのは戦後初の偉業であった。最終戦で新記録を二つ獲得したのである。長嶋の大ファンとなるアナウンサーの徳光和夫氏は、この最終戦のホームランのシーンをみて言いようのない感激に包まれたという。

かくて長嶋は、この栄冠を引さげてプロの世界に飛び込むのである。

プロ入団

長嶋は当時（昭和32年）、史上最高の破格の契約金1800万円で巨人入りを果たす。当時はドラフト制度はなく、自由競争の時代であった。立教大学出身の大沢啓二先輩の誘いもあり、一時は南海入りを表明していた長嶋は、盟友杉浦と共に南海の鶴岡一人監督とも会った。しかし、苦労をかけた母の『一番近いところにいておくれ』の一言に巨人入りを決めたという。

なお、契約金提示額は、中日：2350万円、大洋：他球団提示最高額＋1000万円であり、巨人はむしろ低かったといえる。しかし、長嶋に対する巨人の評価は高く、初の三冠王の中島治康、名二塁手で近鉄の監督となった千葉茂がつけていた歴代の栄光の背番号〝3〟をつけた（背番号〝3〟の初代は田部武雄氏で、109試合で105盗塁の大記録保持者。39歳で戦死）。「ゴールデンボーイ長嶋」の輝きは引退するまで続く。ご存じの通り、背番号〝3〟は、今では永久欠番となっている。

ここまでは淡々とプロまでの経緯を述べたに過ぎない。

本書の目的は、記録からみたスーパースター長嶋を知ってもらうことだ。私はこの希代のスーパースターを、誰からも文句の言いようがない形で示したいのである。それには客観的な数値で表す方法以外にないと考えた。よって次章からは、数字の羅列が多くなるが、ご了承願いたい。しかし、記録をひも解けばひも解くほど、長嶋が大スーパースターであったことを確信させられるはずだ。長嶋の大人気は、マスコミが作ったわけではないのだ。

第2章　シーズンの記録から見た長嶋①

「あまたいる4番打者のなかの「真の4番打者」といえば、長嶋茂雄以外にいなかったといっていいだろう」
――『栄光の4番打者スラッガー伝説』日刊スポーツ出版社より

劇的な開幕戦

長嶋入団時の１９５８年のオープン戦の成績は、全18試合で最多の7本塁打であった。それだけでも十分の注目度ではあるが、希代のスーパースターはそれだけに留まらない。

公式戦の第1戦の投手は、当時の国鉄（現ヤクルト）で既に日本一となっていた金田正一（当時１８２勝）であった。今とは違い、オープン戦は全球団が参加しているわけではない。長嶋にとって、これは正真正銘の初対決であった。

プロ公式戦最初の相手が日本一の投手。神が仕組んだのであろうかとまで思わせられる。

結果は金田が大スターであることを裏付けるように、中途半端な成績では許さず4打数4三振。長嶋は全19球中10回スイングしたが、バットにあたったのはファールチップ1本だけだった。この絶対的な敗北は、今なお語り継がれている(長嶋が一試合で4三振したのは、最初で最後、生涯この試合だけなのだ)。

金田は後に「この長嶋との対戦から、私のそれまでの足跡が消されてしまった」と言っている。これ以降、金田の話題は長嶋(後に王も加わる)との勝負に収束されていくのだが、長嶋の対金田戦は、二年目には0・333と打ち、通算7年間の成績は211打数66安打0・313で充分お返しをしている。

開幕戦におけるホームラン

開幕戦とは、一年に一度、ファンも選手も待ちに待ったシーズンの始まりの試合である。周囲の注目度も取り扱う新聞の熱意もシーズン中とは違う。そんな大切な試合で、ホームランを10試合も打っている(日本記録)のが長嶋だ。通算で17年間プレーしている長嶋は、17試合の開幕戦しか出ていないことになる。その

表1　開幕戦本塁打数ランキング

位	選手名	所　属	本塁打を打った試合数	実働年数
1	**長嶋茂雄**	**巨人**	**10試合**	**17年**
2	門田博光	南海、オリックス、ダイエー	9試合	23年
3	山内一弘	大毎、阪神、広島	7試合	19年
	衣笠祥雄	広島	7試合	23年
	和田一弘	西武、中日	7試合	19年
6	野村克也	南海、ロッテ、西武	6試合	26年
	王 貞治	巨人	6試合	22年
	張本 勲	東映、日本ハム、巨人、ロッテ	6試合	23年
	山本浩二	広島	6試合	18年
	小早川毅彦	広島、ヤクルト	6試合	16年

うち10試合で本塁打を放っているのだから驚きだ。1970年～1974年は、5年連続で放っており、こちらも日本記録である。

では他の強打者と比べてみよう。

実働年数と比較してみても、長嶋の密度の高さが際立っている。

ちなみに王は、6試合ではあるが内2試合は満塁ホームランである（1977年、1978年連続）。王もまた、他の打者とは違うのである。

また、ここに意外な記録がある。本塁打王を1回獲得し、通算415本（実働年22年）の中村紀洋（最終DeNA）、本塁打王2回獲得、通算48

6本（実働年19年）の大杉勝男（東映、最終ヤクルト）の両者の開幕戦本塁打は、なんと〝0本〟である。

新人で3割打者の長嶋

鳴り物入りでプロ入りしてすぐに額面通り、いや、それ以上の活躍をすれば、人気が出るのは当たり前である。しかも一発屋（最初の1年のみ）でなく入団1年目で二冠王（打点、本塁打）、2年目から4年目まで首位打者獲得となれば、不動の人気を得るのは当然と言える。

長嶋は1958年、東京6大学の本塁打新記録保持者（8本）として鳴り物入りで巨人に入団した。2リーグ制以降、これまで9名の新人が打率3割を達成している。牧秀悟（DeNA）は2021年入団での快挙、プロ1年目のシーズンを終えたばかりだ。ここではそれ以外の8名の入団4年間の成績を見てみよう。

見ての通り、新人で3割を打った打者で打撃3部門のタイトルを取ったのは長嶋一人である。新人1年目、2年目続けて3割を打ったのは4名（長嶋、高橋由

表２　入団１年目打率３割超の新人

長嶋茂雄（巨人）：終身打率 0.305

	打率	本塁打	打点	タイトル
1年目	**0.305**	**29**	**92**	**新人王、本塁打王、打点王**
2年目	**0.334**	**27**	**82**	**首位打者**
3年目	**0.334**	**16**	**64**	**首位打者**
4年目	**0.353**	**28**	**86**	**首位打者、本塁打王**

高橋由伸（巨人）：終身打率 0.291

	打率	本塁打	打点	タイトル
1年目	0.300	19	75	
2年目	0.315	34	98	
3年目	0.289	27	74	
4年目	0.302	27	85	

清原和博（西武）：終身打率 0.272【高卒】

	打率	本塁打	打点	タイトル
1年目	0.304	31	78	新人王
2年目	0.259	29	83	
3年目	0.286	31	77	
4年目	0.283	35	92	

石毛宏典（西武）：終身打率 0.283

	打率	本塁打	打点	タイトル
1年目	0.311	21	55	新人王
2年目	0.259	15	54	
3年目	0.303	16	64	
4年目	0.259	26	71	

横田真之（ロッテ）：終身打率 0.279

	打 率	本塁打	打 点	タイトル
1年目	0.300	9	51	
2年目	0.304	8	42	
3年目	0.281	7	51	
4年目	0.271	3	27	

坪井智哉（阪神）：終身打率 0.292

	打 率	本塁打	打 点	タイトル
1年目	0.327	2	21	
2年目	0.304	5	43	
3年目	0.272	4	32	
4年目	0.219	2	11	

広岡達朗（巨人）：終身打率 0.240

	打 率	本塁打	打 点	タイトル
1年目	0.314	15	67	新人王
2年目	0.257	11	43	
3年目	0.233	9	32	
4年目	0.244	18	33	

渡辺 清（阪急）：終身打率 0.248

	打 率	本塁打	打 点	タイトル
1年目	0.303	2	54	
2年目	0.248	3	56	
3年目	0.248	9	52	
4年目	0.251	1	19	

（参考）中西 太（西鉄）：終身打率 0.307【高卒】

	打 率	本塁打	打 点	タイトル
1年目	0.281	12	65	新人王
2年目	0.314	36	86	本塁打王、打点王
3年目	0.296	31	82	本塁打王
4年目	0.332	35	98	首位打者、本塁打王

伸、横田真之、坪井智哉）であるが、横田と坪井の本塁打は一桁台である。長嶋がただ一人、4年連続で打率3割を達成していることにも注目したい。また、意外にも、新人で3割を打ちながら終身打率3割を維持したのは長嶋ただ一人である。

別の選手に注目すれば、高卒でありながら3割（はただ一人）、本塁打30本以上とした清原和博はすごい。清原の生涯成績を見ると、もっと数値を残せる打者だったと思う。また、同じ高卒には2年目から二冠王を含むタイトルを取り怪童と呼ばれた中西太もいる。王を育てた荒川博コーチが「右では長嶋以上」と中西を評したのは誇張ではないだろうが、終身の成績はここに出てくる打者と比較すると平凡だと言えるか（通算安打1262、本塁打244、打点785）。

なお、2リーグ制以前には新人3割打者は3名いたが、2年目においては3名とも3割を切っている。

第3章　シーズンの記録から見た長嶋②

真の４番打者

真の４番打者は長嶋だと言いたい。

よく「記録は○○が上ではないのか」と言う人がいるが、記録はその人個人自身の実績としては認める。しかし、４番打者と条件がつけば違ってくる。４番は、〝どういう場面〟で〝どうだったのか〟ということを考慮しなければならない。観客の期待している場面で〝それに応える〟打者であったか、そして、それが〝勝利（優勝）に結びついたか〟ということだ。下位のチームなら、無理して打ちにいくような、また、逆に無理せずに四球を選ぶようなこともできるため、個人記録は狙いやすいに違いない。

しかし、本書では記録で長嶋のすごさを伝えるものだ。当然、個人記録が貧弱であっては真の４番打者とは言えない。

表3　長嶋の生涯の個人記録

通算成績		獲得タイトル	
通算打率	0.305	首位打者	6回
通算打点	1522点	打点王	5回
通算本塁打	444本	本塁打王	2回
通算安打	2471本	最多安打	10回

※首位打者6回はセ・リーグ及び右打者日本記録
※最多安打10回は日本記録（当時は表彰なし）

そこで、長嶋及び主要な4番打者の通算記録をのぞいてみよう。

なんの何の〝記憶の長嶋〟ではない。かなりの記録保持者である。

ただ、単純な通算記録比べなら、長嶋の上は多くいるだろう。しかし、次ページから延々と述べていく数値をよく見比べてほしい。長嶋にしかないすごさが理解できるだろう。

4番打者としての成績

長嶋の「4番打者」としての成績はどうだったのであろうか？

長嶋は3番を始めとして、晩年は1番も経験している。各主要打者と比較した成績は次の通りである（数値はプロ

表４　４番打者の一試合当たりの打点ランキング

位	選手名	4番打者試合数	4番打者打率	4番打者打点	4番打者本塁打	一試合打点数	通算打率
1	王 貞治	1231	0.315	1009	392	0.82	0.301
2	大杉勝男	1088	0.292	827	267	0.76	0.287
3	長池徳士（阪急）	1006	0.292	764	260	0.759	0.285
4	**長嶋茂雄**	**1457**	**0.314**	**1068**	**312**	**0.7330**	**0.305**
5	山本浩二	1310	0.307	960	351	0.7328	0.29
6	野村克也	2260	0.284	1637	557	0.724	0.277
7	門田博光	1014	0.29	732	272	0.722	0.289
8	落合博満	1734	0.31	1250	396	0.721	0.311
9	金本知憲（広島、阪神）	1145	0.3	807	247	0.705	0.285
10	田淵幸一（阪神、西武）	1241	0.267	874	364	0.704	0.26
11	小久保裕紀（ダイエー、巨人）	1059	0.274	742	247	0.701	0.275
12	清原和博（西武、巨人）	1465	0.267	987	341	0.674	0.272
13	原 辰徳	1066	0.279	729	255	0.684	0.279
14	山内一弘	1419	0.304	902	276	0.636	0.295
15	張本 勲	1560	0.313	966	291	0.619	0.319
16	土井正博（近鉄）	1554	0.287	952	335	0.613	0.282
参考	川上哲治	1658	0.317	1082	162	0.652	0.313
参考	大下 弘（東急、西鉄）	873	0.303	494	111	0.566	0.303
参考	中西　太（西鉄）	281	0.301	186	67	0.662	0.307

※川上哲治は、さすが「野球の神様」である。しかし、完全に長嶋以前の打者なので参考値とした。大下、中西は、試合数が少ないため、参考値とした。なお、中西太の４番打者打率は通算打率より下回っている。

野球100人『栄光の4番打者』日刊スポーツクラブ平成21年8月11日発行より)。

4番打者1000試合以上出場の主要打者を対象に、ランダムに選出した。順位は一試合当たりの打点数とした。順位は王が一位である。長嶋は4位につけているが、試合数が多いことも関係しているだろうか。

長嶋、王、張本を比べてみた時におもしろいのは、通算打率は張本、長嶋、王の順なのに、4番打者打率は王、長嶋、張本と逆になっていることだ。試合数の関係もあるが、4番打者率は王が一位である。王のすごさがここにもある。

他の数値を見ると、意外なのは「安打製造機」張本である。張本は出場試合数は3名中一番多いが、打点、本塁打は一番少ない。他の打者と比較しても多くない。一試合当たりの打点数を見ると、このメンバーでは下から二番目である。張本は本塁打を通算504本打っているが、4番打者として見た場合、やや見劣りがする。

ほかには、張本、落合は通算打率より4番打者打率が下回っている。山本浩二、山内一弘は、通算打率は3割を切っているが、4番打者打率はキチンと3割を超えている。また「シンキングベースボール」の野村は、絶対数の実績はよくぞという貫禄の数値である（ただ、王、長嶋は3番、4番を分け合っていた）。打点が1000点を超えているのは野村、落合、長嶋、王だけである。打点が全てではないが4番打者の価値を考えるなら、その試合にどれだけ点を取ったかは大きな指標であろう。王は別格としても、長嶋のすごさがこの数値に表れている。長嶋は4位ではあるが試合数や打率、全体の数値等を考慮すれば、実質2位といってもよいのではないか。〝記憶の長嶋〟だけではないことは明らかである。

目立たない大記録

プロ野球の一流打者の証として、よく「打率3割」と言われる。これは大リーグも同じだろう。しかし、必ずしも絶対的な数値とは言えないと思う。シーズンによって3割打者が異常に多いシーズンもあれば、少ないシーズンもある。またセリーグとパリーグでも、かなり人数が違うことがある。そのなかで、3割打者がシーズン終了時たった一人という年があった。一リーグ時代を含めると過去に5度ある。

表5　3割打者一人のシーズンの首位打者

年	選手名	打率	リーグ	参考
1941	川上哲治	0.310	1リーグ時代	2位：白石（巨人）0.267
1959	**長嶋茂雄**	**0.334**	**セリーグ**	2位：飯田（国鉄）0.296
1962	森永勝也（広島）	0.307	セリーグ	2位：近藤和（大洋）0.293
1970	王 貞治	0.325	セリーグ	2位：安藤（阪神）0.294
1971	**長嶋茂雄**	**0.320**	**セリーグ**	2位：衣笠（広島）0.285

表5を見ていただきたい。

改めて思うが「巨人の4番が全日本の4番」というのは伊達ではない。森永を除くと全員巨人の4番ではないか。川上、長嶋、王と、大打者の面目躍如たるものがある。

そしてここでも長嶋が目を引く。なんと2度の一人3割打者を達成しているのである。みんなが打てないときに一人気を吐く姿は、人気を博して当然と言えよう。この記録はほとんど不滅の記録と言えようか。

ちなみに、記録が出たのは全てセリーグである。当時、投手の質はセリーグの方がやや上だったのではないかと思う。また、当時セリーグの審判は低めをとる傾向があった。

【参考】真の3割打者？　真の打率？

長嶋は3位、一位は川上

ここで、単純な数値比較ではなくその年のリーグ全体の状況等を考慮（？）した打率の比較検討をしてみよう。

表6　シーズン状況を考慮した3割打者の評価

位	選手名	通算打率	期間中リーグ打率	上下	修正結果打率	その後
1	若松 勉	0.323	0.256	↓	0.309（6位）	
2	張本 勲	0.319	0.252	↓	0.310（4位）	
3	川上哲治	0.313	0.236	↑	0.325（1位）	
4	与那嶺要	0.311	0.240	↑	0.317（2位）	
5	中西 太	0.307	0.243	↑	0.310（5位）	
6	加藤秀司	0.305	0.258	↓	0.290（11位）	最終打率 0.297
7	**長嶋茂雄**	**0.305**	**0.238**	**↑**	**0.314（3位）**	
8	大下 弘	0.303	0.245	—	0.303（7位）	
9	谷沢健一	0.302	0.255	↓	0.290（10位）	
10	王 貞治	0.301	0.245	—	0.301（8位）	
11	藤村富美男	0.300	0.246	↓	0.299（9位）	

【修正式】
(A − B) × (0.245 ÷ B) + 0.245
ただし、打者Aの通算打率：A、打者Aの実働期間中のリーグ打率：B、プロ野球始まって以来の平均打率：0.245（1983年シーズン終了時）とする。

といっても私ごときが出来るはずはない。この試みはパ・リーグ記録部員、また報知新聞の記録記者であった宇佐美徹也氏が行っている。シーズンに3割打者が一人しかいないシーズンと15人も3割がいるシーズンとでは、普通に考えれば3割の価値が違う。宇佐美氏はそういった点を考慮した修正公式を考え、**表6**を作成している。（※データは少し古くなるが、既に現役を終えた打者の数値であることから）かなり参考になる。記録は1983年シーズン終了時の数値）

その選手の実働期間中のリーグ打率が高いと、この修正値結果は下がることとなり、逆に低いと修正値は高くなる。あらためて**表6**をよく見てほしい。実働期間中のリーグ打率が2割3分台は川上、長嶋のみである。いわゆる、3割の価値が他の打者より高いと言える。この数式によって、当時の通算打率3割以上（打数4000以上）打者11名について、その修正内容を見てみよう。

川上、与那嶺は左打者である。右打者では長嶋は（この時点では）一位である。張本は首位打者7回、3割16回を記録している文字通りの安打製造機であるが、修正打率は長嶋を下回っている。

長嶋が1959と71年に記録したリーグ一人3割のときの修正打率は

	（打率）	（当年リーグ打率）	（日本リーグ通算打率）	（修正打率）
・1959年	0・334	0・230	0・245	0・356
・1971年	0・320	0・230	0・245	0・341

となる。

両年ともリーグ打率0・230と低く3割打者が一人しかなかったのはうなずける。3割の価値が違うのは当然であろう（因みに両リーグに分かれてから、年度のリーグ打率が０・２３０を下回った年はセ・リーグは２回だけ、パ・リーグは一度もなしである。※１９５０年～１９８６年の間）。表面的な数値だけで判断、評価すべきでないことを改めて感じさせる数値である。では右打者通算打率０・３１１の落合博満と修正値においてどうだろうか。落合リーグ在籍期間中のリーグ打率はおそらく長嶋時代より高いと思われる。長嶋がおそらく上位に来ると思われる。

因みに参考値になるが落合のロッテ時代の数値を見てみよう（幸い宇佐美徹也氏が１９８６年終了時まで追加算出していたので幸い落合ロッテ時代まで見ることが出来た）。

落合のロッテ時代（１９７９～１９８６）の通算打率は０・３３２でさすがに高い。しかしリーグ全体の期間中打率は０・２６７である。これまた、かなり高い。それまでの日本プロ野球全体の打率は０・２４５より少し上昇し０・２４６位であろう。

こうして計算すると全盛時代であるロッテ時代の落合の修正打率は０・３０６となる。多少の誤差はあるとしてもこの程度になる。

もう一度整理すると三冠王を3度獲得したロッテ時代の落合の通算打率０・３３２

↓０・３０６となる。前出の若松も０・３２３から０・３０９に落ちているから妥当な数値だろう。

確かにこれは一つの見方であるが、長嶋のすごさを推して知るべしであろう。

大打者の指標、敬遠四球

次に「敬遠四球」の記録をのぞいてみよう。

元広島の山本浩二氏は試合解説をしているとき、アナウンサーに「打者の実力をみるときの一番大きな指標は何か？」と問われ、「敬遠四球」の数だと答えている。


なお、敬遠四球が通常の四球と区別されたのは１９５５年からである（というより、それまでは、故意に四球を与える行為そのものがなかった）。そのため川上は当時敬遠四球34個の日本記録保持者でありながら、通算敬遠四球数は70個にとどまっている。山内の場合も、最初の３年間は記録になかった期間がある。

表7　通算敬遠四球ランキング

※通算敬遠四球100個以上の打者を選出

位	選手名	所属	通算敬遠四球	入団より4年間	シーズン最多敬遠数
1	王 貞治	巨人	427	18	45
			※長嶋を抜き現在日本記録		
2	張本 勲	東映、巨人、ロッテ	228	46	22
3	**長嶋茂雄**	**巨人**	**205**	**99**	**35**
			※川上を抜き当時日本記録		
4	野村克也	南海、ロッテ、西武	189	11	37
5	門田博光	南海、オリックス、ダイエー	182	4	24
6	落合博満	ロッテ、中日、巨人、日本ハム	160	7	26
7	谷繁元信	横浜、中日	158	13	16
8	田淵幸一	阪神、西武	125	21	28
9	江藤慎一	中日、ロッテ、大洋、太平洋	118	21	18
10	中村武志	中日、横浜、楽天	112	32	19
11	土井正博	近鉄、太平洋、西武	106	3	27
12	山内一弘	大毎、阪神、広島	101	2	17

通算記録で２００個以上の打者は王、張本、長嶋の３名しかいない（**表7**）。山本浩二氏が言うように、打者の価値を裏づける大きな一つの指標と言えようか。

しかし、入団から４年で99個（１００個ならば一つの記録として残ったであろう。残念！）の長嶋が、結果通算２０５個に終わっている。入団５年目は７個だった。これは、この年初めて長嶋が無冠に終わったこともあるが、一番大きな理由は〝王の大成長〟である。この年から、王（入団４年目）は「打撃開眼」

し38本で本塁打王になっている。3番、4番の打順を分け合っていた両者は、敬遠四球も分け合っていたのであろう。もし、ダントツの王がいなかったら、長嶋の敬遠四球の数は300個以上になっていたと思う。逆に王も500個以上はいったと思う。なんせ両者合わせての敬遠四球数は632個に上る。

ちなみに張本と3番、4番を組んだ大杉勝男の敬遠数は92個で両者の合計は320個、ONの半分である。しかし、張本は高卒である。入団4年目までの敬遠四球は46個で、さすがと言えよう。

後に種々の数値で述べることになるが、張本の他の記録をみると特徴がある。シーズンごとにみると打率やそれにつながる部分はさすがといえるが、それ以外は特に目立ったものがない。しかし、トータルするとかなりの数値となる。たゆまぬ努力をコツコツコツコツと継続してきたたまものであろう。

私があえて長嶋人気の一つとして「敬遠四球」を取り上げたのはなぜか？

とにかく入団当初から、いかに長嶋が契約金以上の活躍をしたかを、また選手であったかを〝さらに〟理解してもらうためである。「入団当初からの活躍の方」が「途中からの活躍」よりもその印象度がはるかに高いと思う。

さて、「敬遠四球」に関する一つの数値を見てもらいたい。

表8の通り、全四球（死球を除く）に占める敬遠四球の割合で2割を超えているのは、長嶋と中村だけである。

長嶋の場合、1960年を見てみると四球70個中、敬遠四球32個で、占める割合は0・457。四球2個に1個ではないか。翌1962年においても四球88個中、敬遠四球35個、0・398で4割である。これは、たまたまそうなったのではない。一つはボール球でもヒットを打つ傑出した技術があったこと。そして長嶋は四球を選べる場合でも〝ここで打たなけ

表8　通算四球に対する敬遠四球の占める割合（%）

位	選手名	通算四球	通算敬遠四球	全四球に占める敬遠四球の割合
1	**長嶋茂雄**	**969**	**205**	**0.212**
2	中村武志	544	112	0.206
3	張本 勲	1274	228	0.1789
4	王 貞治	2390	427	0.1786
5	江藤愼一	761	118	0.155
6	田淵幸一	823	125	0.152
7	野村克也	1252	189	0.151
8	門田博光	1273	182	0.143
9	谷繁元信	1133	158	0.139
10	土井正博	972	106	0.109
11	落合博満	1475	160	0.108
12	山内一弘	1061	101	0.095

れば〟と思って打席に立って臨んだこと。これらの理由が考えられる。長嶋が〝ファンの期待に応えよう〟としていたことは間違いないだろう。

王の場合は、ファンの期待に応えるには、〝ホームランを打つ〟という宿命めいたものがあるため、好球必打に徹する必要があったと思われる。

走者別打率に見る長嶋の特徴

塁上のランナーの状況でほぼ確実に打率が向上するという、長嶋が人気を博す証明がここにもある。

左記、ON比較を見ていただきたい（数値は、『1979新版　プロ野球記録大観』：宇佐美徹也　講談社より）。

これらの数値は、数値自身の高い低いを問うているのではない。ランナーの状況に対する打率の傾向を見ているのである。

表9を見ていただきたい。長嶋は④～⑦までは見事に打率が向上している。〝燃える男〟と言われたのを裏付けている。王は⑥で下っている。両者ともランナー

を三塁に置いたときの打率は共に0・347で高い（長嶋：810打数281安打、王：803打数279安打）。また満塁の時の打率は長嶋0・330、王0・303で高い。巨人が強かったのはこういうところからでもわかる。

表9　走者別打率の比較（長嶋－王）

長嶋茂雄

	打率	上下	打数	安打
①走者なし	0.294		4299	1266
②走者一塁	0.321	↑	1759	565
③走者二塁	0.286	↓	594	170
④走者一・二塁	0.299	↑	632	189
⑤走者三塁	0.344	↑	224	77
⑥走者一・三塁	0.346	↑	283	98
⑦走者二・三塁	0.380	↑	121	46
⑧走者満塁	0.330	↓	182	60

王 貞治

	打率	上下	打数	安打
①走者なし	0.280		5082	1422
②走者一塁	0.332	↑	1965	653
③走者二塁	0.300	↓	751	225
④走者一・二塁	0.319	↑	649	207
⑤走者三塁	0.362	↑	276	100
⑥走者一・三塁	0.346	↓	246	85
⑦走者二・三塁	0.379	↑	116	44
⑧走者満塁	0.303	↓	165	50

他の打者を見てみよう（数値は別冊宝島521号『プロ野球4番打者』宝島社2000年8月5日より）。

やはり、打率の推移は長嶋と比較すると、全員とも上下している。長嶋は④〜⑦までは見事に打率が向上しているが、ここに上げた打者は、全て上下しているのである。

イチローは⑦⑧番、すなわちランナーが二塁三塁にいるときは、極端に打率が落ちている。走者に三塁がいる場合（⑤〜⑧）で全て3割を打っているのは王、長嶋、前田だけである。ここでもONは他の打者と違いを見せている（※王は走者を置いた場合すべて3割を打っている）。

表10　走者別打率の比較

※このデータは終身ではなく1997年〜2000年までの４年間。また選出した打者は本書に走者別打率が掲載されていた打者であり、長嶋を目立たせるために特に選んだのではないことを伝えておきたい。

イチロー（オリックス）

	打率	上下	打数	安打
①走者なし	0.345		829	286
②走者一塁	0.359	↑	334	120
③走者二塁	0.369	↑	179	66
④走者一・二塁	0.328	↓	116	38
⑤走者三塁	0.459	↑	37	17
⑥走者一・三塁	0.451	↓	51	23
⑦走者二・三塁	0.208	↓	24	5
⑧走者満塁	0.255	↑	47	12

松井秀喜（巨人）

	打率	上下	打数	安打
①走者なし	0.275		872	240
②走者一塁	0.369	↑	347	128
③走者二塁	0.29	↓	162	47
④走者一・二塁	0.281	↓	96	27
⑤走者三塁	0.23	↓	39	9
⑥走者一・三塁	0.388	↑	49	19
⑦走者二・三塁	0.5	↑	12	6
⑧走者満塁	0.276	↓	29	8

高橋由伸（1998年から2000年）

	打率	上下	打数	安打
①走者なし	0.294		620	182
②走者一塁	0.276	↓	203	56
③走者二塁	0.35	↑	60	21
④走者一・二塁	0.343	↓	105	36
⑤走者三塁	0.263	↓	19	5
⑥走者一・三塁	0.286	↑	35	10
⑦走者二・三塁	0.381	↑	21	8
⑧走者満塁	0.324	↓	37	12

長嶋の証明、一安打上昇ごとにチーム勝率も一割向上

次ページの**表11**は、長嶋の安打数とチームの勝率の関係を示したものである

（数値は、『1979新版　プロ野球記録大観』：宇佐美徹也　講談社より）。

小久保裕紀（ダイエー）

	打率	上下	打数	安打
①走者なし	0.265		586	155
②走者一塁	0.29	↑	241	70
③走者二塁	0.29	ー	131	38
④走者一・二塁	0.265	↓	98	26
⑤走者三塁	0.205	↓	39	8
⑥走者一・三塁	0.075	↓	40	8
⑦走者二・三塁	0.364	↑	22	8
⑧走者満塁	0.333	↓	33	11

前田智徳（広島）

	打率	上下	打数	安打
①走者なし	0.294		815	240
②走者一塁	0.311	↑	264	82
③走者二塁	0.279	↓	155	43
④走者一・二塁	0.348	↑	89	31
⑤走者三塁	0.364	↑	44	16
⑥走者一・三塁	0.394	↑	33	13
⑦走者二・三塁	0.333	↓	24	8
⑧走者満塁	0.462	↑	26	12

石井浩郎（巨人、ロッテ）

	打率	上下	打数	安打
①走者なし	0.270		307	83
②走者一塁	0.252	↑	111	28
③走者二塁	0.273	↓	33	9
④走者一・二塁	0.255	↑	51	13
⑤走者三塁	0.176	↑	17	3
⑥走者一・三塁	0.185	↓	27	5
⑦走者二・三塁	0.182	↑	11	2
⑧走者満塁	0.458	↓	24	11

表11　長嶋茂雄の1安打ごとのチームの勝率の推移

安打数	勝利数	敗戦数	勝 率	上 下
0安打	279	325	0.462	
1安打	506	340	0.598	↑
2安打	333	156	0.681	↑
3安打	117	35	0.77	↑
4・5安打	22	6	0.786	↑

残念ながら、他の打者の記録は手元にはない。たとえあったとしても、このような見事な上昇（0〜3安打まで一割づつ向上）にはならないであろう。なんと、長嶋が安打1本でも打てば勝ち越しているのである。4番打者の面目躍如たるものを感じる。

安打数の多さこそが4番バッターの証明の大きな一つ

44ページの**表12**に示したように長嶋は、年間最多安打を10回獲得している（日本記録）。長嶋の在籍期間は17年であるから獲得率は59％で、2年に1回以上ということになる。

打者の評価の指標の一つとして、「出塁率」がある。安打、四球、死球による出塁合計数を打席で割った数値である。4打席4打数2安打0四球ならば出塁率0・500であり、4打席4四球ならば出塁率1・000である。あまり釈然としない指標であると思う。

出塁が簡単ではないのはわかる。しかし、とにかく出ればいい指標である。一方、四球で点が入る場合は満塁以外にはない。塁上にランナーがいれば、安打の方がはるかに価値があるといえる。出塁率という指標は、1番、2番打者に求められる指標であり、3番、4番打者に求められる指標ではないと思う。4番打者に求められるのは、やはり、より多くの安打、特に長打であろう。

出塁率そのものを否定する意図はない。いろいろな指標を設けなければ、打者の特質により不公平が出るということもあろう。

一位の長嶋はダントツの10回獲得。今のところ不滅の記録である。長嶋に続くのが川上である。

一試合当たりの安打数では、イチロー、川上、長嶋と続く。イチローは日本で続けていれば受賞回数は長嶋を抜いただろうと思われる。「安打製造機」張本は、ここでは5位である。

王は、一試合安打数は1を切っているが本塁打が求められるバッターであること、そして敬遠数の多さから仕方がない部分もあるだろう。シーズン最多安打獲

表12　シーズン最多安打受賞回数一覧
（正式表彰となるのは1994年以降）

※イチロー、藤村、中西、大下以外は2000本安打以上打者より選出
※順位は受賞回数順

位	選手名	受賞回数	在籍期間	通算安打数	通算試合数	一試合安打数
1	**長嶋茂雄**	**10**	**17**	**2471**	**2186**	**1.130（4位）**
2	川上哲治	6	18	2351	1979	1.188（3位）
3	イチロー	5	9	1278	951	1.344（1位）
4	福本 豊	4	20	2543	2401	1.059（9位）
5	張本 勲	3	23	3085	2752	1.121（5位）
6	王 貞治	3	22	2786	2831	0.9841（19位）
7	青木宣親	2	11	1704	1353	1.259（2位）
8	藤村富美男	2	17	1694	1558	1.087（6位）
9	土井正博	2	20	2452	2449	1.001（12位）
10	中西 太	2	18	1262	1388	0.909（20位）
11	大下 弘	1	14	1667	1547	1.078（7位）
12	落合博満	1	20	2371	2236	1.060（8位）
13	松中信彦	1	19	1767	1780	0.993（14位）
14	野村克也	1	26	2901	3017	0.962（20位）
15	衣笠祥雄	1	23	2543	2677	0.950（21位）
16	山本浩二	なし	18	2339	2284	1.024（10位）
17	山内一弘	なし	19	2271	2235	1.016（11位）
18	門田博光	なし	23	2566	2571	0.998（13位）
19	小久保裕紀	なし	18	2041	2057	0.992（15位）
20	江藤慎一	なし	18	2057	2084	0.987（16位）
21	秋山幸二	なし	20	2157	2189	0.9854（17位）
22	金本智憲	なし	21	2539	2578	0.9849（18位）
23	阿部慎之助	なし	19	2132	2282	0.934（22位）
24	清原和博	なし	22	2122	2338	0.908（24位）
25	田淵幸一	なし	16	1532	1739	0.881（25位）
26	谷繁元信	なし	27	2108	3021	0.698（26位）

得が〝0〟であっても一試合1安打以上打っているのは4番の役割を果たしているると言える。野村は26年もやっていて一試合安打数で1近い数値を残しているのは、勝つための野球をずっと継続した証であろう。

最多安打と首位打者との関係

現在ヤクルトで活躍中（大リーグでは6年近く活躍）の青木宣親はこう述べている。

「四球を選ぶと打率はキープできるんですが、安打数が伸びない。打ちにいくと打数の分母が増えるので、凡打の次打席に安打を打ってもあまり打率が上がらないんで」（江夏豊、『強打者』ワニブックスＰＬＵＳ新書）

つまり、安打数の増加を望むと打率の維持に苦労するということであろう。

次ページの**表13**から、最多安打王と首位打者の関係を見てみよう。

こうしてみると首位打者と最多安打王を全て同時獲得しているのは長嶋ただ一人である。（首位打者1回のみは除く）６回すべてである。おそらく目に見えな

表13　最多安打王と首位打者の関係

位	選手名	最多安打回数	首位打者回数	同時獲得回数	関　係
1	**長嶋茂雄**	**10**	**6**	**6**	**首位打者の時は全て最多安打王**
2	川上哲治	6	5	4	
3	イチロー	5	7	5	最多安打王の時は全て首位打者
4	福本 豊	4	0	0	
5	張本 勲	3	7	2	
6	王 貞治	3	5	3	最多安打王の時は全て首位打者
7	青木宣親	2	3	1	
8	中西 太	2	2	0	2回とも最多安打王と同時受賞なし
9	藤村富美男	2	1	1	
10	土井正博	2	0	0	
11	落合博満	1	5	1	
12	松中信彦	1	2	1	
13	大下 弘	1	1	1	
14	野村克也	1	1	1	
15	衣笠祥雄	1	0	0	

い不滅の記録に違いない。イチローですら2回は最多安打王と結びついていない。張本も同時獲得は2回である。さすが川上は、1回を除き4回同時獲得している。逆に落合は首位打者5回あるが同時獲得は1回に過ぎない。因みにイチローそして王は、やはり他の打者とは違う。最多安打王（イチロー5回、王3回）の時はすべて首位打者を獲得している。長嶋の場合はとにかく安打をより多く打つことが4番であり、ファンの期待に応えるという姿勢が生んだ

記録と言えよう。首位打者は結果に過ぎないのだ。

何でも打てた天才打者

次ページの表14は、１本打つためにどれだけ打数を要したかを、少ない打者順に示している。すなわち、この順位は長打を打つ技術のレベルを表すために筆者が算出したものである（筆者が勝手に考えた長打打率というのは、あくまで長打を打った打率である。５打数５安打でも、単打ばかりなら長打打率０である）。

長打を１０００本以上打っているのは、なんと王と野村だけである。長打１本に要する打数からみると野村は落ちる。

長嶋は４位である。落合の長打数の合計は９００以下で長嶋より少なく、三冠王を３度も取っているのに意外である。しかしさすがは落合、長打１本に要する打数の少なさからから見ると長嶋を抜き2位である。

一時通算2塁打数の新記録を持っていた山内は3位である。二塁打４００本以上、三塁打70本以上、本塁打５００本以上を打っている張本は、長打を打つためには王より２・７打数、長嶋より１・１打数多く要することがわかる。

表14　長打打率ランキング

※田淵、掛布、藤村、原を除き2000安打以上の主な打者を選出。

位	選手名	二塁打	三塁打	本塁打	計	通算打数	長打1本に要する打数	長打打率
1	王 貞治	422	25	868	1315	9250	7.034	0.142
2	落合博満	371	15	510	896	7627	8.512	0.117
3	山内一弘	448	54	396	898	7702	8.577	0.1166
4	**長嶋茂雄**	**418**	**74**	**444**	**936**	**8094**	**8.647**	**0.1156**
5	山本浩二	372	21	536	929	8052	8.667	0.1154
6	原 辰徳	273	25	382	680	6012	8.841	0.1131
7	清原和博	345	12	525	882	7814	8.859	0.1129
8	掛布雅之	250	31	349	630	5673	9.005	0.11105
9	田淵幸一	167	12	474	653	5881	9.006	0.11103
10	藤村富美男	339	63	224	626	5648	9.022	0.1108
11	小久保裕紀	381	24	413	818	7474	9.137	0.1094
12	門田博光	383	19	567	969	8868	9.152	0.1093
13	秋山幸二	377	41	437	855	7997	9.353	0.10691
14	金本知憲	440	37	476	953	8915	9.355	0.10689
15	張本 勲	420	72	504	996	9666	9.705	0.1030
16	野村克也	397	23	657	1077	10472	9.723	0.1028
17	阿部慎之助	355	9	406	770	7514	9.758	0.1025
18	衣笠祥雄	373	23	504	900	9404	10.449	0.0957
19	江藤慎一	274	15	367	656	7156	10.909	0.092
20	土井正博	309	11	465	785	8694	11.075	0.090
21	福本 豊	449	115	208	772	8745	11.328	0.088
参考	イチロー	211	23	118	352	3619	10.281	0.097
	川上哲治	408	99	181	688	7500	10.901	0.092
	中西 太	207	38	244	489	4116	8.417	0.119

あくまでも参考であるが川上とイチローと比較すると、長打打率はイチローが上である。イチローが4番を打ったこともあるのが、うなずける。川上の時代は本塁打が出にくい飛ばないボールであったという理由もあるだろうが、意外な数値ではある。川上の長打打率は江藤と同じ値である。

怪童と言われた中西は打数は少ないが、この中では長打打率は2位である。

同じ様な表をもう一つごらんあれ。

次ページの**表15**の数値は長打タイプ（長距離打者かどうかという意味ではない）かどうかを見る指標と思い勝手に作成した（本塁打を多く打つことと長打タイプとは別という考え方。二塁打を多く打っても長打タイプとして見た指標）。

安打に占める長打の割合で4割をこえているのは5人だけであるが、この中に原が入っている。さすがONに次ぐ巨人の4番である。2000本以上の打者では、なんと王と清原だけである。王のすごさは言うまでもないが、清原もすごい。高卒で3割30本塁打は伊達ではなかったのである。また、こうしてみると、張本は意外とアベレージヒッター的な要素を持つ打者だったのではないかと思われる。

表15　安打に占める長打率ランキング

位	選手名	通算長打数	通算安打数	安打に占める長打の割合	通算試合数	一試合に打つ長打数
1	王 貞治	1315	2786	0.4720	2831	0.4645（1位）
2	田淵幸一	653	1532	0.4262	1739	0.3755（12位）
3	清原和博	882	2122	0.4156	2338	0.3772（11位）
4	原 辰徳	680	1675	0.4059	1697	0.4007（6位）
5	小久保裕紀	818	2041	0.4008	2057	0.3977（8位）
6	山本浩二	929	2339	0.3972	2284	0.4067（3位）
7	秋山幸二	855	2157	0.3964	2189	0.3906（9位）
8	山内一弘	898	2271	0.3954	2235	0.4018（5位）
9	中西　太	489	1262	0.3875	1388	0.3523（17位）
10	掛布雅之	630	1656	0.3804	1625	0.3877（10位）
11	**長嶋茂雄**	**936**	**2471**	**0.3787**	**2186**	**0.4282（2位）**
12	落合博満	896	2371	0.3779	2236	0.4007（6位）
13	門田博光	969	2566	0.3776	2571	0.3769（13位）
14	金本知憲	953	2539	0.3753	2578	0.3697（14位）
15	野村克也	1077	2901	0.3713	3017	0.3570（16位）
16	藤村富美男	626	1694	0.3695	1558	0.4018（4位）
17	衣笠祥雄	900	2543	0.3539	2677	0.3362（18位）
18	張本 勲	996	3085	0.3228	2752	0.3619（15位）
19	土井正博	785	2452	0.3201	2449	0.3205（20位）
20	江藤慎一	656	2057	0.3189	2084	0.3148（21位）
21	福本 豊	772	2543	0.3036	2401	0.3215（19位）
参考	イチロー	352	1278	0.2754	951	0.3701
	川上哲治	688	2351	0.2936	1979	0.3476

指標だけではなく実際に一試合のなかで長打をどれだけ打ったのかを見ることも大切だ。その数値が勝利へ結びつくのである。表15の「一試合に打つ長打数」を見ていただきたい。1位が王で、2位が長嶋である。改めてONのすごさ、巨人が強かったのかがわかるというものだ。

この表からは、長嶋がいかに積極的に打ちにいったかがよくわかる。他に0・4本を超えているのは5名いるが、山本、山内、落合以外は通算安打2000本以下である。多くの安打を積み重ねていけば長打力が落ちていくことを思えば、野村のこの数値（0・357）はよくやったと言える。捕手ということも考慮すればなおさらであろう。

二塁打王、三塁打王があれば……長嶋、川上のすごさ

次ページの表16は、二塁打王、三塁打王があると仮定した場合の獲得数である。順序は、

1　全ての長打部門において首位を獲得した打者を優先し、獲得回数の計で決めた。

表16　二塁打王、三塁打王の獲得（仮定）

位	選手名	二塁打王	三塁打王	本塁打王	通算長打数
1	**長嶋茂雄**	**3回**	**2回**	**2回**	**936**
2	川上哲治	2回	2回	2回	688
3	藤村富美男	3回	1回	2回	626
4	掛布雅之	1回	1回	3回	630
5	小久保裕紀	1回	1回	1回	818
6	福本 豊	3回	8回	なし	772
7	山内一弘	4回	なし	2回	898
8	落合博満	2回	なし	5回	896
9	王 貞治	1回	なし	15回	1315
10	野村克也	1回	なし	9回	1077
11	中西 太	1回	なし	5回	489
12	山本浩二	1回	なし	4回	929
13	門田博光	1回	なし	3回	969
14	土井正博	1回	なし	1回	785
15	イチロー	1回	なし	なし	352
	清原和博	1回	なし	なし	882
17	青田 昇	なし	なし	5回	595
18	松中信彦	なし	なし	2回	697
19	田淵幸一	なし	なし	1回	653
	秋山幸二	なし	なし	1回	855
21	張本 勲	なし	なし	なし	996
	江藤慎一	なし	なし	なし	656
	金本知憲	なし	なし	なし	953
	阿部慎之助	なし	なし	なし	770
	原 辰徳	なし	なし	なし	680
	衣笠祥雄	なし	なし	なし	900

2　次に、二塁打、三塁打部門において獲得した打者を優先し、その獲得合計順とした。

3　その次は、二塁打王の獲得数を優先し本塁打王を含む合計数で決めた。

ごらんあれ！

長いプロ野球の歴史の中で、本当に本当かと思う記録がこれである。

二塁打王、三塁打王、本塁打王を複数回獲得しているのは、なんと長嶋と川上のみである。ほかにもゴロゴロいそうな記録なのに……。

複数回に限定しなくても、この3つを獲得しているのはたったの5人だけである。（通算打率3割以上は25名）それだけ、自在に打つのは至難であるということだ。そして、長嶋は何でも打てる天才だと言える。だからこそ変化に富み、派手に打ちまくっているように見え、人気につながっているのだろう。

意外なのは、まずイチローである。在籍年数が9年間であるが、二塁打王は1回だけで三塁打王は〝0〟である。そして、3000本安打の張本は獲得なしである。

福本は二塁打王より三塁打王の方が多い。彼は通算で三塁打115本（日本記録）を打っている。二塁打王、三塁打王の合計獲得回数は11回となり本塁打王を除く数値としてはダントツの数値である。

もちろん全打者を調査すべきだが、宇佐美徹也氏のようにはいかない。しかし、ここに上げた打者はそうそうたるメンバーである。それでも二塁打王の獲得でも16名しかいない。ましてや、一シーズンで二塁打王、三塁打王、本塁打王の3つ獲得は夢の夢と言えようか（三冠王より難しいだろう。）いつか期待したいものである。

犠飛の多さ　No．1

長嶋の「真の4番」を示すすごさはまだある。その犠飛の多さである。犠飛は犠牲バントのフライ版で犠牲フライとも言われる。これが何故「真の4番」を示す指標の1つなのか。後〝一点〟あれば勝利する、次の点がどちらのチームに入るかが勝負という時が多々ある。そして、無死、又は一死でランナーが三塁にいる場合である。

こういった時は何もホームランである必要はなく、もちろんヒットの必要もない。とにかくまず一点なのであるから何でもいいと言える。犠飛を（比較的）簡単に打てる打者であるならばいうことはない。こういう場面であればまず一点は確実と期待できる。長嶋が走者を３塁においたときの打率は０・３４７（８１０打数２８１安打）である。彼の通算犠飛数は90である。従って３塁に走者を置いたときの本塁へ還す率は０・４１２（９００打数３７１安打・犠飛）の驚異的な数値となる。ますますＶ９が偶然でないことを裏付けている。犠飛を公平に一試合換算でみると０・04以上の打者は二人しかいない。その中の一人が巨人の原である。一試合換算では一位である。やはり巨人の４番はどこか光ったところがある。また、野村は３０００試合以上をこなしながら一試合換算で０・０３７５の数値はやはりチームが勝つことを意識した４番打者とここでも言えるだろう。

表17　通算犠飛数等
（通算70個以上に限定）

選手名	通算犠飛数	一試合換算の犠飛数	通算試合数
原 辰徳	70	0.0412	1697
長嶋茂雄	**90**	**0.0411**	**2186**
山内一弘	88	0.03937	2235
落合博満	88	0.03935	2236
野村克也	113（日本記録）	0.0375	3017
門田博光	95	0.0370	2571
王 貞治	100	0.0353	2831
山本浩二	79	0.0346	2284
張本 勲	90	0.0327	2752
土井正博	78	0.0318	2449

※犠飛として記録されるのは１９５３年からである（１９３９年、１９４０年は記録されている）。したがって川上哲次は35個にとどまっている。

他の打者を含む充分なデータがないために参考としているが、またまた興味深い数値がある。勝利打点である。

【参考】V9期間にみる長嶋の勝利打点

表18は巨人のV9達成期間中の主な選手の勝利打点の数値である。（『プロ野球記録・奇録・きろく』：宇佐美徹也　文藝春秋より）

この勝利打点というタイトルは現在はない。1981年〜88年まで設けられていた。ただし、セ・リーグは2000年まで表彰という形で続けられた。この勝利打点というのは公認野球規則によると「勝利チームが最後に勝ち越した時に記録した打点」（現在はない）とされている。現在ないのは、必ずしもその得点が見ていて納得出来る形で勝利をもたらしたものと思えないもの、また、試合状況によっては分かりにくいことがあるためであろう。明確な理由は示されていない。しかし、たとえそうであろうと、勝負強さやここだという時に打てる打者であることを示す指標にはなると思う。前出の表はそれを表している。（ONの数値が突出している。）王は通常の打点で長嶋を上回りながら勝利打点では10点の差をつけられている。王敬遠で長嶋がいいところを持っていくからだとしても通常打点で115打点の差をつけながらこの結果である。まさに長嶋は〝期待に応える男〟だったことを示している。

以上が、シーズンの記録から見た長嶋である。

表18　巨人のV9達成期間中の主な選手の勝利打点

選手名	勝利打点（通常の打点）
長嶋茂雄	**148（861）**
王 貞治	138（978）
柴田 勲	46（353）
土井正三	43（289）
黒江透修	39（355）
国松 彰	37（221）
森 昌彦	37（325）
末次利光	36（286）
高田 繁	33（257）

第4章　日本シリーズに見る長嶋

大舞台で結果を出す男

日本シリーズにおいて大活躍することは、野球ファンの人気を得るための大きな要素である。逆に、日本中が注目するこのシリーズで不振を極めると、シーズンの活躍の印象が半減する。

長嶋は日本シリーズで「シリーズ男」と言われるぐらい活躍している。見事な成績である。長嶋が出場した日本シリーズは10勝2敗。打率4割を3年連続で達成、全4回で4割を超えた。本塁打は出場した12回全てで放っている。MVPは4回で、これは日本記録である。

しかし、1966年、1968年は打率4割でありながらMVPでないのは解せない。私の記憶に、記者同士で「長嶋ばかりMVPではよくない。今年は長嶋

表19　長嶋と日本シリーズ　68試合

日本シリーズ			長嶋茂雄の成績			
年度	対戦カード（勝－敗）	勝ち数	打率	本塁打	打点	MVP
1958	西鉄－巨人	4－3	0.231	2本	5点	
1959	南海－巨人	4－0	0.333	1本	4点	
1961	巨人－南海	4－2	0.231	1本	3点	
1963	巨人－西鉄	4－3	0.360	3本	7点	MVP
1965	巨人－南海	4－1	0.381	2本	6点	MVP
1966	巨人－南海	4－2	0.440	2本	9点	
1967	巨人－阪急	4－2	0.333	1本	6点	
1968	巨人－阪急	4－2	0.417	2本	5点	
1969	巨人－阪急	4－2	0.409	4本	6点	MVP
1970	巨人－ロッテ	4－1	0.421	4本	6点	MVP
1971	巨人－阪急	4－1	0.333	1本	3点	
1972	巨人－阪急	4－1	0.250	2本	6点	
1973	巨人－南海	4－1	（負傷で欠場のため含まず）			

日本シリーズ成績（全68試合）

通算打率	本塁打合計	打点合計	MVP
0.343	25本	66点	4回

を抜きにしてMVPを選出しよう」という話があったというのを覚えているが、間違いないだろう。どちらかの年度はそうなのであろう。MVP5回獲得（最大6回）となれば、不滅の記録となっただろう（4回でも不滅に近いが）。

　1965年から1973年まで、巨人は9連覇をなした。それ自体すごいことだが、9連覇のうち4勝3敗が一つもなく、全て4勝1敗か4勝2敗である。読者は意外に思うかもしれないが、日本シリーズの勝敗で一番多いのは4勝3敗なのである。それなのに一度もない。全て快勝している。

当時の巨人は、本当に強かったのである。私はONの存在、両者のコンビのすごさ、そして大試合に強い長嶋の存在だと思う。

ちなみに王は、1959年から1977年の間で14回も日本シリーズ出場を果たしている。長嶋のように年度ごとに仔細を示したいところだが、年度ごとの打率、打点がわからないため、通算での数値を示す（後に長嶋、王との通算の記録は次ページの**表20**にまとめた）。

【王の日本シリーズ】

・出場14回（日本記録）、11勝2敗。これも見事な成績である。

・本塁打は出場した14回中13回で放っている（記録とすれば日本記録）。

※2020年度の日本シリーズ、巨人－ソフトバンク戦は巨人の4連敗で終了した。巨人の3番、4番、5番におけるホームラン数は0本（ソフトバンクは3本）である。巨人全体でも1本（ソフトバンクは7本）に終わった。広島から移籍したいわば助っ人の丸は、2019年度の日本シリーズでも打っておらず、2大会連続で0本（4番岡本は2大会で1本）であった。短期決戦はチームの実力差というより3番、4番の出来不出来（或いは短期決戦の向き不向き）が大きいと私は考える（三冠王落合がいい例である）。それをなすための情報取集がカギだと思う。

さて、長嶋の日本シリーズの通算記録を、王との比較で見てみよう。表20に示す日本記録は、どれも不滅の記録であろう。

表20　日本シリーズの通算記録の比較（長嶋－王）

項　目	長嶋茂雄	王 貞治
通算試合数	68（出場12回）	77（出場13回）【日本記録】
通算打率	0.343	0.281
通算安打	91本　【日本記録】	68本
通算二塁打	14本　【日本記録】	6本
通算三塁打	2本	0本
通算本塁打	25本　【２位】	29本　【日本記録】
通算打点	66点　【日本記録】	63点　【２位】
通算四球	27個	83個　【日本記録】

表21　清原と日本シリーズ 60試合

※清原は1997年に西武から巨人へ移籍

日本シリーズ			清原和博の成績			
年 度	対戦カード（勝－敗）	勝ち数	打 率	本塁打	打 点	MVP
1986	西武－広島	4－3	0.355	1本	2点	
1987	西武－巨人	4－2	0.227	1本	3点	
1988	西武－中日	4－1	0.375	3本	4点	
1990	西武－巨人	4－0	0.308	0本	3点	
1991	西武－広島	4－3	0.280	1本	4点	
1992	西武－ヤクルト	4－3	0.207	1本	2点	
1993	ヤクルト－西武	4－3	0.310	2本	6点	
1994	巨人－西武	4－2	0.348	4本	8点	
2000	巨人－ダイエー	4－2	0.389	0本	3点	
2002	巨人－西武	4－0	0.231	2本	4点	

日本シリーズ成績（全60試合）

通算打率	本塁打合計	打点合計	MVP
0.301	15本	39点	なし

ここに上げた記録を見ていただきたい。特殊な部門を挙げたわけではない。打率、三塁打部門以外は全てON独占で、日本記録を残している（長嶋の打率も打席数を考慮すればほとんど1位と言ってよい）。巨人の9連覇は必然の結果と言えよう。

同じようにパリーグの常勝軍団であった西武の3番、4番であるKA砲清原、秋山の日本シリーズの記録を見てみよう。

勝つことを求められたチームの3番、4番打者の結果は如何に。

清原は日本シリーズに10回出場し、9勝1敗である（表21）。MVPこそないが見事と言えよう。

秋山も日本シリーズに10回出場し、7勝3敗である。数値は清原より劣るが、MVPは2回獲得している。

こうしてみると、清原も秋山も10回出場しているが、共に2度、本塁打0のシーズンがある。長嶋は12回出場、王は13回出場し、その全てで打っている。ONの

表22　秋山と日本シリーズ　61試合

※秋山は1994年に西武からダイエーへ移籍

日本シリーズ			秋山幸二の成績			
年度	対戦カード（勝－敗）	勝ち数	打率	本塁打	打点	MVP
1985	阪神－西武	4－2	0.261	0本	1点	
1986	西武－広島	4－3	0.206	2本	5点	
1987	西武－巨人	4－2	0.286	1本	4点	
1988	西武－中日	4－1	0.100	1本	1点	
1990	西武－巨人	4－0	0.235	1本	2点	
1991	西武－広島	4－3	0.276	4本	8点	MVP
1992	西武－ヤクルト	4－3	0.280	1本	3点	
1993	ヤクルト－西武	4－3	0.120	3本	6点	
1999	ダイエー－中日	4－1	0.300	2本	3点	MVP
2000	巨人－ダイエー	4－2	0.333	0本	1点	

日本シリーズ成績（全61試合）

通算打率	本塁打合計	打点合計	MVP
0.238	15本	34点	2回

19試合で打点8は、もう一歩というところである。

すごさがここでもわかる。

ザーッと見てみると、まず目につくのは、落合の意外過ぎる実績だ。出場回数2回、試合数11に過ぎないため安易な評価はできないが、本塁打0本、打点1とは意外すぎる（長打は2塁打1本のみ）。4番が打たなければ日本一にはなれない。落合本人も不本意であろう。

「安打製造機」の張本は、打率はさすがである。しかし、本塁打も3本で、もう1~2本は欲しい。

長嶋、王は一試合で1点近い打点を挙げている。抜群と言えよう。

ここでさらに驚かされるのは、イチローである。本塁打（2本）や打点（3点）はともかく、打率0・263はなんとも言いようがない。7年連続の首位打者で、日本における通算打率は0・353だ。マークされたとはいえ、やはり3割は超えてほしい。

表23　他の主な選手の日本シリーズの成績比較

※順位は一試合当たりの打点数

位	選手名	所属	試合数	打率	本塁打	打点	一試合当たりの打点数
1	**長嶋茂雄**	**巨人**	**68**	**0.343**	**25**	**66**	**0.97**
2	城島健司	ダイエー	18	0.286	9	16	0.89
3	王 貞治	巨人	77	0.281	29	63	0.82
4	中西 太	西鉄	28	0.296	5	19	0.68
5	松井秀喜	巨人	21	0.286	4	14	0.67
6	清原和博	西武、巨人	60	0.301	15	39	0.65
7	野村克也	南海	27	0.220	5	17	0.63
8	秋山幸二	西武、ダイエー	61	0.238	15	34	0.56
9	張本 勲	東映、巨人	19	0.370	3	8	0.42
10	イチロー	オリックス	10	0.263	2	3	0.30
11	落合博満	中日、巨人	11	0.286	0	1	0.09
参考	川上哲治	巨人	43	0.365	5	19	0.44

　野村については、〝彼は大試合に弱い。〟と言われていたのを覚えている。打点は17打点でまあまあであるが、打率0・220で、本塁打は5本である。王に次ぐ本塁打王にしては、少しさびしい。短

期決戦は苦手なのだろう。しかし、捕手として別な面で貢献しているに違いない。落合、野村はパット出場し、パット打つのが苦手なのであろう。投手の配球や球質等、事前のデータが必要なのだろう。イチローも案外そうかも知れない。

清原、秋山について見ると、ONと同じように、両者は本塁打、打点は似通っている。一試合当たりの打点数は、試合数等を考慮すればONに次ぐ数値と言える。西武のKA砲と言え、その強さがうかがえる。

試合数が少ないが、城島が一試合当たりの打点0・89を残している。王を抜き2位である。もっと出場していたらと思う。

改めて長嶋を見てみると、「シリーズ男」面目躍如たるものを感じる。後2打点あれば一試合1打点である。そしてここでは掲載していないが、二塁打、三塁打、本塁打と、全て打っている（さすがの王も3塁打は〝0〟である）。なんと、ここに上げている12名（川上含む）は、全て3塁打は〝0〟なのである）。とにかく、来た球を打てるというのが長嶋の強さである。

第5章　オールスター戦に見る長嶋

ファン投票で17年連続出場

さて、公式の試合ではないお祭りではあるが、「プロ野球オールスター戦」についても述べさせていただきたい。長嶋の贔屓の引き倒しをするためには必要であるからだ。

68ページの表24を見てみると、長嶋が一位をとった分野は一つもない。しかし「ホント？」と言えるほど低い数値はない。

野村が安打数、また二塁打部門で一位は意外である。イチローは打率では貫禄の一位で、4割近い。落合も高く、2位である。張本は得意の打率部門では19位と、3割を切っており、意外である。山本（41試合）、清原（43試合）は出場試合数の割に、山本は本塁打で一位、清原は打点で一位である。

表24　オールスター戦での成績

	長嶋の成績	一位の選手	主な打者
試合数	7位 (43試合)	王 貞治 (58試合)	3位：張本 勲 (53試合) 10位：落合博満 (39試合)
安打	2位 (47本)	野村克也 (48本)	2位：張本 勲 (47本) 4位：落合博満 (46本)
二塁打	2位 (10本)	野村克也 (12本)	3位：落合博満 (9本) 8位：張本 勲 (7本)
三塁打	同率4位以下	柴田 勲(巨人) (4本)	2位：若松 勉(ヤクルト)(2本) 4位以下多数
本塁打	8位 (7本)	山本浩二(広島) (14本)	2位：王 貞治 (13本) 4位：落合博満 (11本)
打点	6位 (21打点)	清原和博 (34打点)	2位：王 貞治 (31打点) 6位：張本 勲 (21打点)
打率	15位 (0.313)	イチロー (0.394)	2位：落合博満 (0.365) 19位：張本 勲 (0.292)

さて、**表25**は2021年当時で、通算打率3割以上（4000打数以上）の選手全25名を並べている。

この表をよく見ていただきたい。私はこの表で何を示したいのか？

それは⑫の長嶋の成績である。お分かりだろうか。この3大舞台で、全て3割以上の打率なのだ。歴代居並ぶ打者の中で、ただ一人である。改めて、そのすごさが理解できる。人間とは、どこかで〃打てない〃ものや〃打てない〃状況があるものだが、長嶋に関してはかなり特殊な条件設定でもしない限り、そうならないように見える。

表25　三大舞台における通算打率（2021年当時）

※順位はシーズンにおける通算打率順
※対象外の基準は以下の通り。日本シリーズにおいて70打数以下、又は原則0.292以下の選手は省いた（例外有）。オールスター戦において50打数以下、又は0.286以下の選手は省いた。

位	選手名	シーズン通算打率（打数4000以上）	日本シリーズ打率（原則打数70以上）	オールスター打率（打数50以上）
①	青木宣親	0.325	対象外	0.286
②	レオン・リー兄（ロッテ）	0.320	対象外	0.292
③	若松 勉（ヤクルト）	0.31918	0.333	0.259
④	張本 勲	0.31915	0.37	0.292
⑤	ブーマー（阪急）	0.317	0.214	0.235
⑥	川上哲治	0.313	0.365	0.226
⑦	与那嶺要（巨人）	0.3110	0.311	0.103
⑧	落合博満	0.3108	0.286	0.365
⑨	小笠原道大（日本ハム）	0.310	対象外	対象外
⑩	レオン・リー弟（ロッテ）	0.308	対象外	対象外
⑪	中西 太	0.307	0.296	0.172
⑫	**長嶋茂雄** ※すべて３割	**0.305**	**0.343**	**0.313**
⑬	篠塚和典（巨人）	0.3043	0.292	0.327
⑭	松井秀喜	0.3040	0.286	0.3205
⑮	鈴木尚典（横浜）	0.3034	対象外	対象外
⑯	カブレラ（西武）	0.3033	対象外	対象外
⑰	内川聖一（横浜）	0.3031	対象外	対象外
⑱	大下 弘	0.3030	0.25	0.204
⑲	和田一浩	0.3029	対象外	（30打数）0.400
⑳	谷沢健一（中日）	0.3024	0.333	0.256
㉑	前田智徳（広島）	0.3023	対象外	対象外
㉒	王 貞治	0.3011	0.281	0.213
㉓	ラミレス（DeNA）	0.3006	対象外	（42打数）0.310
㉔	秋山翔吾（西武）	0.3005	対象外	対象外
㉕	糸井嘉男（日本ハム）	0.3000	対象外	対象外

表25に入らなかった打者の記録を、もう2～3人見てみよう。

清原はオールスター戦では大活躍していることがわかる。日本シリーズでも3割を超えている。しかし、シーズンにおける通算打率は0・272で3割を切っている。彼は短期決戦に強い男と言える。

野村はシーズン、日本シリーズ、オールスターの3大舞台で、打率は全て3割を切っている。素質では0・250しか打てない男だと、本人が述べていたことを思い出す。

表25の①～㉕に掲載のない打者は、もともとシーズン通算打率3割（打数4000以上）を切っている打者であるため対象外である。表26であえてイチロー、清原、野村、古田を挙げたのは読者の関心事項と考えたからである。

表26　気になる打者の成績比較

選手名	シーズン通算打率（打数4000以上）	日本シリーズ打率（原則打数70以上）	オールスター打率（打数50以上）
イチロー	0.353（打数3619）	0.263（打数38）	0.394
清原和博	0.272	0.301	0.365
野村克也	0.277	0.220	0.287
古田敦也（ヤクルト）	0.294	0.270	0.333

左に〝ファン投票〟における「オールスター戦」選出回数及び出場回数を示す（選手名、在籍年間、選出回数（出場回数）、備考の順に記載）。なお、順位はファン投票による出場回数で付けた。（　）内は監督推薦を含む実際の出場回数。

①野村克也（1954〜1980）21回（21回）
1957年〜1977年までファン投票連続選出（21回）。1969年負傷による欠場。1980年監督推薦による出場（計21回）。

②王　貞治（1959〜1980）21回（20回）
1960年〜2080年までファン投票連続選出（21回）。1965年負傷により欠場。

③秋山幸二（1981〜2002）18回（18回）
1985年〜2002年まで連続出場（日本記録）。

④古田敦也（1990〜2007）17回（17回）
入団の年の1990年〜2006年まで連続選出。退団の年の07は選出されず。

⑤長嶋茂雄（1958〜1974）17回（16回）

入団の年から退団の年までファン投票により17回連続選出。1964年は負傷により欠場。

⑥落合博満（1979〜1998）16回（15回）

1981〜1993まで16年連続ファン投票により選出。1992年負傷により欠場。

⑦清原和博（1986〜2008）18回（19回）

MVP7回は日本記録。出場回数は野村、王に次ぐ第3位。高卒でありながら入団の年にファン投票により選出されている。

⑧福本　豊（1969〜1988）14回（17回）

世界の盗塁王にふさわしい数値といえる。

⑨張本　勲（1969〜1988）13回（18回）

18回出場の貫禄を見せている。

⑩石毛宏典（1981〜1996）12回（14回）

入団の年からファン投票で選出されている。入団の年からファン投票で選出されている（西武、ダイエー）。入団からの連続出場14回は長嶋、古田に次ぐ3位である。

⑪山内一弘（１９５２～１９７０）11回（16回）
（毎日、阪神、広島）
⑫山本浩二（１９６９～１９８６）11回（14回）
⑬原　辰徳（１９８１～１９９５）10回（11回）
入団の年からファン投票により選出。
⑭田淵幸一（１９６９～１９８４）８回（11回）
入団の年からファン投票により選出。

（参考）
・土井正博（１９６２～１９８１）５回（15回）
ファン投票での選出は５回である。
・伊藤　勤（１９８２～１９０３）４回（16回）
ファン投票選出は４回であるが出場は16回で長嶋、山内と同じである（西武）。

さすがは野村、王である。野村は21年連続でファン投票選出されている。出場も21回で、不滅の記録と言えよう。王も21年連続ファン投票選出されているが、途中負傷により1回欠場している。不死身といえる連続出場は、秋山の18回連続である。清原、張本はそれぞれ、19回、18回とよく出場しており、さすがと言えよう。

これだけ見れば長嶋の記録はすごいには違いないが、野村、王、秋山と比較すればさほど傑出したものではない。でもよく見ると不滅なのである。何が不滅なのか？

それは、入団してから退団するまでの17年間全て、ファン投票で選出されたということである。野村、王、秋山、張本は、入団した年はファン投票で選出されていない。

列挙した打者の中で入団当初からファン投票選出されたのは、長嶋、古田、清原、原、田淵、高橋の6名である。しかし、入団当初から連続出場で17回も選ばれ続けた記録保持者は、長嶋と古田しかいない。そして長嶋は、退団する年まで選ばれ続けた。ここがすごいのである。古田も17年連続で同じではないかという人もいるだろう。私はそうは思わない。長嶋がもう一年やっていれば間違いなく選出されたと思う。長嶋は、打者として存在した全ての期間でトップの人気を保ったのである。最初から最後までである。これは、野村、王と違う意味での大記録といえる。

長嶋、清原、石毛以外で、新人で3割打った打者のオールスター選出状況は左の通りである。

・高橋由伸（1998〜2015）6回（9回）
　入団の年からファン投票選出。
・広岡達明（巨人）（1954〜1966）3回（6回）
・坪井智哉（阪神）（1998〜2011）0回（2回）
　入団の年に出場しているがファン投票ではない。
・横田真之（ロッテ）（1985〜1995）0回（0回）
・渡辺　清（阪急）（1955〜1961）0回（0回）

意外なことに、右に挙げた打者は、新人で3割打ちながらその後のオールスター出場回数は芳しくない。入団の年にファン投票で選出されたのは半分の4名である。横田と渡辺は一度も出場することはなかった。

第6章　天覧試合、日米野球での記録

天覧試合における長嶋

プロ野球は、これまで5万試合を超える試合が行われてきた。しかし、天皇が見守る中で行われたいわゆる〝天覧試合〟は、今から述べることの一試合だけである。ちなみに相撲や武道大会などは何回か天覧試合が行われている。野球はまだまだ歴史が浅く、外来のスポーツだからであろうか、やっと戦後14年目の1959年（昭和34年）6月25日に巨人－阪神（当時は大阪タイガース）の（11回戦）で天覧された。

当日は鳴り物入りの応援は禁止とされ、厳粛な雰囲気の中で行われた。その試合内容は、伝統の一戦にふさわしい試合となった。先発ピッチャーは、巨人の藤田元司、阪神の小山正明と、両エースであった。

表27　天覧試合の試合経過

1959年（昭和34年）6月25日　巨人 対 阪神（大阪）

試合経過	内　容	巨人－阪神
3回表	阪神エース自らのタイムリーで先制	0 対 1
5回裏	**長嶋、坂崎連続本塁打で逆転**	2 対 1
6回表	阪神藤本の本塁打などで逆転	2 対 4
7回裏	王（6番での出場）の本塁打で同点	4 対 4
	阪神投手小山から村山（1年目）へ	
9回裏	**長嶋、新人村山からサヨナラ本塁打**	5 対 4

試合は逆転に次ぐ逆転。王が同点本塁打、長嶋がサヨナラ本塁打で、史上唯一の天覧試合の片が付いた。ここから、プロ野球の人気、そして長嶋の人気にますます拍車がかかることになる。

天覧試合はこの一試合だけであるが、皇室関係者がご覧になった試合は10試合あり、長嶋は35打数18安打で打率0・514、本塁打7本をはなっている。驚異的な記録である。長嶋が「俺は皇室とはウマが合うのだ」と言ったが、その通りである。他の打者の記録は手元にないが、わざわざ比較する必要はないだろう。

表28　日米野球における主な打者の成績

※順位は打率順（原則30試合以上）

位	選手名	試合数	打数	安打	打率	本塁打	打点	一試合当たりの安打	一試合当たりの打点
1	**長嶋茂雄**	**69**	**200**	**59**	**0.295**	**6**	**27**	**0.855**	**0.391**
2	中西　太	39	123	32	0.260	5	20	0.821	0.513
3	王　貞治	109	336	86	0.2559	25	61	0.789	0.560
4	張本　勲	42	128	32	0.250	2	14	0.762	0.333
5	落合博満	26	63	14	0.222	2	13	0.538	0.500
6	川上哲治	45	115	25	0.217	2	9	0.556	0.200
7	野村克也	42	94	19	0.202	2	12	0.452	0.286
8	清原和博	30	97	16	0.165	1	9	0.533	0.300

日米野球の成績

「日米野球」の歴史は、なんと１９０８年（明治41年）から始まっている。

当時、ＭＬＢ６名を含む３Ａを中心に組まれたチーム（「リーチ・オール・アメリカン」）が来日した。これに対し、日本チームは慶応、早稲田の両大学、社会人野球クラブで編成し対戦した。結果は17戦全敗であった。

その後は戦争などで一時中断の時期があったが、戦後の１９４９年（昭和24年）に再開された。２０１８年まで開催は全39回に及ぶ。通算成績は日本の98勝３５９敗である。

さて、その「日米野球」におけるＯＮや主な打者の戦績やいかに。

打率においては、長嶋は3割をきっているが、それでも一位に位置している。やはり、長嶋はどのような舞台でも活躍できるスター性を持っているのである。そして、ここでも王のすごさが光る。今まで示したように、どの切り口で見ても王は長嶋同様〝こういう舞台ではダメなのだ〟ということがない。改めて〝傑出した数値を持つ男〟だけではないと思わされる。ON砲とは、よく言ったもので、正しく〝不出生のコンビ〟と言える。

怪童中西は、一試合当たりの打点数は王に次いでいる。三冠王男落合も、一試合当たりの打点では長嶋をしのいでいる。優れた打者はどこかの場面でその片鱗が見えるのだと思う。

清原の成績は、お祭り男のイメージがあるだけに意外である。川上の数値は、当時の状況を考えると仕方がないだろう。

第7章　張本対長嶋、落合対長嶋、イチロー対長嶋、清原対長嶋、王対長嶋

長嶋の人気の秘密は、これまで述べてきた数値から充分に説明できる。しかし、張本ファンや落合ファン、イチローファンは少し消化不良かも知れない。最後の章では、私なりに彼らと長嶋について書いてみたいと思う。

故野村克也氏は次のように言っている。

「〝ヒットをより多く打つことがチームのためにつながる〟というのと〝チームのためにヒットをより多く打つ〟のとは、似ているが全然違う」

前者では個人の記録が優先され、後者ではチームの勝利が優先される、ということだろう。後者の代表は、私が思うには間違いなく長嶋である。

張本 対 長嶋

歴代の打者で通算打率3割を達成している者は多くいる。

2021年現在、25名（打数4千以上）である。

しかし、打数8千を超える打者で3割を打っているのは3人しかいない。

なんと張本、王は打数9千を超えている。3割を打ったシーズンは16回もあり、不滅の記録と思われる。また、二塁打400本以上、三塁打70本以上、本塁打500本以上打った打者は、張本ただ一人である。盗塁も319個あり、通算3割を合わすと、これも不滅の記録と言えようか。

張本は、自身では長嶋以上の打者と思っているかもしれない。確かにそうした側面もあるだろう。ただ、張本は首位打者を7回獲得（4年連続含む）しているが、打点王、本塁打王はなく、二塁打、三塁打王も一度もない。これは不可解とすら思える結果である。また、すでに見ているように、4番における打者成績では王、長嶋に一段落ちる（打撃三部門においては、全て長嶋が上である）。

張本は巨人に来て日本シリーズ出場2回を果たしたが、1回目は本塁打0本であり、2度とも阪急に敗れている。一方、王、長嶋コンビでの日本シリーズに出場したのは10回あり、全て勝っている。

私が思うに、張本はひたすら首位打者獲得に向けて、そして前人未踏の３０００本安打に向けて、コツコツコツコツとまい進したと思われる。〃もう一本、もう一安打！〃と、それは、23年間も続けられた。すごいことである。しかし、張

表29　張本 対 長嶋

8000打数、通算打率３割以上の打者

項目	1	2	3
選手名	張本 勲	**長嶋茂雄**	王 貞治
打数	9666	**8094**	9250
打率	0.319	**0.305**	0.301
二塁打	420	**418**	422
三塁打	72	**74**	25
本塁打	504	**444**	868
3割シーズン	16回	**11回**	13回

張本 VS 長嶋：三大タイトル等獲得比較

項目	張本 勲	**長嶋茂雄**
首位打者	7回	**6回**
打点王	なし	**5回**
本塁打王	なし	**2回**
通算安打	3085	**2471**
通算打点	1676	**1522**
通算本塁打	504	**444**
通算試合数	2752	**2186**

張本 VS 長嶋：４番打者における比較

項目	張本 勲	**長嶋茂雄**
試合数	1560	**1457**
打率	0.313	**0.314**
打点	966	**1068**
本塁打	291	**312**
一試合打点	0.619	**0.733**
通算打率	0.319	**0.305**

本ファンに叱られるかもしれないが、〝個人記録〟を求める姿勢が、私にはかい間見えるのである。本塁打王はともかく打点王もなく、在籍23年間でシーズン100打点以上が一度だけ（1970年でちょうど100打点）というのがそれを証明していると言えようか。一打点でも多く挙げチームの勝利に貢献するというより、とにかく安打を積み重ね首位打者獲得に向け邁進した姿が私には見える。巨人彼に今いち迫力に欠けるように私の目に映ったのはそのためだったと思う。巨人ならば〝個人記録〟に固執するような3番、4番は許されないだろう。

張本は、バント安打が得意であった。左でもあり、個人記録を狙うにはいい武器だったと思う。日曜朝の情報番組でお馴染みの張本氏を見ているととてもそういう風には見えないが、東映時代の彼は首位打者獲得に向けてまい進していたのではないかと思われる。

入団当初から鳴り物入りで巨人に入り、その常勝軍団のプレッシャーのなかでプレーしてきた長嶋（王は4年目から）のおかれた立場はどのようなものであったか。やはり長嶋は特別だったのだと思う。

落合対長嶋

張本は左である。打率部門においては少し有利であろう。落合は右である。それでもなんと（！）3度の三冠王に輝いている。彼は「3つ（打率、打点、本塁打）を取らなければダメだ。どれか一つなら直ぐに取れる」と言っていた。実際そうだろう。彼がその気になれば首位打者7、8回、いやそれ以上取れたかもしれない。しかし、ここでも張本と同じものが見えてくる。〝個人記録〟が狙いやすい環境にあったということである。

当時のロッテは弱小チームである。「真の4番というのは打ちたいときに打つのではなく、また、打てる時に打つのではない。打つべき時に打つ打者である」。これが長嶋の姿である。落合はどうだったか？　ロッテにいるときの落合は、私が思う「真の4番」ではない（いや、ありたくても必要がなかった）。〝打ちたいときに打つ、打てる時に打つ〟環境にいた成績である。

しかし、中日に移籍した落合、巨人の時の落合は〝4番落合〟と言える。彼は三冠王を3度獲得しているが、全てロッテの時である。三冠獲得時のチームの成績は5位、2位、4位である。表を見ても、優勝と縁がないのは落合だけである。

表30　落合対長嶋

三大タイトル等獲得比較

項　目	落合博満	**長嶋茂雄**
首位打者	5回	**6回**
打点王	5回	**5回**
本塁打王	5回	**2回**
通算安打	2371	**2471**
通算打点	1564	**1522**
通算本塁打	510	**444**
通算試合数	2236	**2186**

三冠王獲得者（戦後）

選手名	所属	獲得回数	優勝との関連
落合博満	ロッテ	3回 1982年、85年、86年	0回 5位、2位、4位
王　貞治	巨人	2回 1973年、74年	1回 1974年優勝
ランディー・バース	阪神	2回 1985年、86年	1回 1985年優勝
野村克也	南海	1回 1965年	1回 1965年優勝
ブーマー・ウェルズ	阪急	1回 1984年	1回 1984年優勝
松中信彦 ※プレーオフで西武に敗れる	ダイエー	1回 2004年	1回 2004年1位

1985年の2位も、1位西武に15ゲームの差をつけられており、あまり褒められたものではない。

1987年に中日移籍以来巨人を経て日本ハムで引退するまでの12年間で本塁打王2回、打点王2回を獲得している。落合にしては物足りない。首位打者は獲得していない。それは中日や巨人へ、〝優勝〟請負人としての覚悟を持って移籍したからである。今は無き闘将星野仙一監督と、そしてミスター長嶋に優勝を乞われ、相当の覚悟をもって移籍をした。この12年間の（首位打者なしの）成績はその証と言える。真の４番は（首位打者につながる）ヒットを打つことも大事であるが打点を上げることであり、それも打つべき時に打つのが４番である。右では長嶋以上と言われる彼も〝優勝〟に導くバッテング（姿勢）が必要となると、制約がかかったと思われる。

この12年間は、常に優勝を請け負わされた長嶋（王も）と同じ条件との比較となった。落合は移籍のため、長嶋よりもプレッシャーがかかっていたはずである。もちろん長嶋も入団当初から絶え間ないプレッシャーの中にいた。

落合対長嶋はいい勝負であろう。しかし何らかの形で差をつけるとすれば日本シリーズにおける成績としたい。すでに見たように落合は日本シリーズにおいては全くといっていいほど活躍しなかった。いつでもどこでも打てる長嶋が上と思いたい。

イチロー 対 長嶋

長嶋の全盛時代を知らない人は〝圧倒的にイチローの方が優れている〟と思う

表31　イチロー対長嶋
三大タイトル等獲得比較

項　目	イチロー	長嶋茂雄
実働年数	9年(日本)	17年
首位打者	7回	6回
打点王	1回	5回
本塁打王	0回	2回
安打数	1278	2471
打　点	529	1522
本塁打	118	444
試合数	951	2186

だろう。

※イチローは大リーグ（19年間）で大活躍し首位打者2回獲得している（大リーグ1年目の2001年でアジア人初のMVPを獲得している）。盗塁王も1回獲得している。なんと言っても10年連続で200安打以上打っている。アメリカにとって日本の選手の名を成さしめることになったのである。日米通算で4367本の安打を放っており「驚異！」の一言であろう。

長嶋はイチローについてこう述べている（別冊宝島『プロ野球4番打者』宝島社より）。

『……松井（巨人）とは別の意味ですごいバッターですよ。張本が4年連続で首位打者になった時は、こんな芸当のできるバッターは現れないだろうと思っていた。イチローは今年（平成12年）タイトルを取れば連続7年でしょう。……この先どれだけ記録を伸ばすのか楽しみな選手ですね。……すべてに完成されているし、……ゴーイングマイウエイで、自然体でプレーしている。……』

この長嶋の評、特に後半は〝イチローは自分自身の確固たる信念に基づき（悪く言えばマイペースで）プレーしている。〟と言っているようにも取れる。言い方を変えればチームの勝利はあまり念頭にない？　ということも言えるだろう。

少し横道にそれるが『別冊宝島レジェンドOBが選んだ！　プロ野球「史上最高の選手総選挙」』（宝島社）によると、史上最高の選手の順位は以下のようになる（2017年当時で10位まで）。

（寸評）

一位：王　貞治……「一本足打法」でホームラン868本の世界記録をはじめ、2年連続三冠王。シーズン3割以上13回。シーズン100安打以上21年連続。1977年国民栄誉賞受賞者第一号。

二位：イチロー……1995年「打者五冠王」。7年連続首位打者の日本記録。マリナーズ移籍後も首位打者2回、シーズン最多安打（262安打）、日米通算安打数世界記録（4367安打）。

三位：長嶋茂雄……「ミスタージャイアンツ」。無類の勝負強さと華のあるプレースタイルで国民を熱狂させたスーパースター。王貞治との

「ON砲」で巨人V9に貢献し、プロ野球人気を爆発させた。
2013年国民栄誉賞を受賞。

四位：落合博満……優れたバットコントロールで、三度の三冠王や2年連続50本塁打など数々の偉業を達成。通算1475四球は王に次いで歴代2位。1987年中日に移籍し、日本人初の年俸1億円プレーヤーに。

五位：松井秀喜……高3の夏の甲子園で5打席連続敬遠を受ける。巨人入団後は日本や球界を代表する長距離打者に。2003年ヤンキースに移籍。2009年にはワールドシリーズMVP。2013年国民栄誉賞を受賞。

※以降、六位：野村克也、七位：福本豊、八位：張本勲、九位：清原和博、一〇位：内川聖一（当時現役）と続く。

王は一位であろう。あれだけのホームランを打ち、あれだけの四死球を記録すれば、仮にそれが効果的な本塁打であろうがなかろうが、4番打者は出塁率ではないと言ってみても関係ない。勝利に向けての大記録といえる。そしてイチローが第二位の座に付いている。さてイチローであるが……。

これまで比較対象としてきた張本、落合は個人記録が狙いやすい環境と、または個人記録にこだわりプレーをしてきたことが偉大な記録を残した大きな要因だろう。もちろん、それでも誰にでもできるものではない。傑出した能力を有することは当然である。

イチローはどうなのか。日本においても、大リーグにおいても大記録を残している。しかし、私はやはり前二者と変わらないように見える。前に述べている長嶋のイチロー評の後半の部分を見てほしい。前二者と同じだろう。個人記録にこだわってプレーしてきたことがこの大記録につながったといえる。確かにこれだけ安打を打てばいいじゃないかとも思われる。出塁率も高い（最高出塁率：5回獲得）。

確かに日本においては抜群の記録だ。しかし、大リーグにおける大記録は〝個人記録にこだわった結果〟が見える。10年連続200安打以上を打ち、2004年は262安打を打ち大リーグの最高記録となった。しかし、シーズンにおける最高出塁率は一度も記録することなく、出塁率4割を超えたのは1回だけで、安打の大リーグ記録を打ち立てた2004年だけである。これは、大リーグへ行っ

表32　イチローの日本と大リーグの比較

日　本	大リーグ
951試合	2653試合
384四球	647四球
一試合当たりの四球数 0.404	一試合当たりの四球数 0.244
出塁率　0.421	出塁率　0.355

て四球数が激減したからである。

表32の通り、四球数はおよそ半減している。日本時代と比較して、出塁率は1割6分近く落ちている（MVPを獲得した初年度も四球は30個しか記録していない）。1番打者にとって大切なのは出塁数であり、一球でも多く球数を投げさせることである。イチロー所属のマリナーズは最下位のチームである。それでもイチローのこの姿勢を許したのは〝人気を優先〟したからだと思われる。

イチローは2001年、2012年の二回ポストシーズンを経験しているが、全19試合で打率は0・346で、四球は7個だった。出塁率は0・400である。これは低くはない数値だ。安打よりは四球を選ぶ姿勢でいれば、シーズン、ポストシーズンも所属チームはもっと勝てたのではないかと思う。その代わり大記録は生まれなかっただろう。

人の評価は難しい。ただ、やはり私個人としたら〝イチロー対長嶋〟は三位の長嶋に軍配が上がる。イチローファンの非難の声が聞こえそうではあるが。

清原 対 長嶋

何故、〝無冠の清原〟を対象としたのか。それはあるTV番組で司会者が長嶋に『長嶋さんお伺いします。長嶋以上と思う打者はいますか？　いたら誰でしょうか？　教えてください』と問うた時、長嶋は『ワンちゃん（王）、落合（博満）、清原』と答えていたからだ。

長嶋がそのように答えただけの理由はある。

表33　清原 対 長嶋
三大タイトル等獲得比較

選手名	清原和博	長嶋茂雄
実働年数	22年	17年
首位打者	0回	6回
打点王	0回	5回
本塁打王	0回	2回
安打数	2122	2471
打　点	1530	1522
本塁打	525	444
試合数	2338	2186

※死球：清原196個は日本記録、長嶋は43個である。

清原は三大タイトルは無冠ではあるが、目に見えない大きな記録がある。

表33を見ていただきたい。新人で3割を打っていながら、生涯において2000本安打、及び1000打点以上を記録した打者は長嶋、そして清原だけではないか。清原は安打数では長嶋を下回っているが、打点は上である。これは効果的なホームラン

表34　新人で３割打者の生涯安打(打点)比較（２リーグ制以降）

※順位は通算安打順

位	選手名	在籍期間	初年度打率	通算安打	通算打点	備考
1	**長嶋茂雄**	**17年**	**0.305**	**2471**	**1522**	**新人王**
2	清原和博	22年	0.304	2122	1530	新人王、 オールスター戦 MVP 7回
3	石毛宏典	16年	0.311	1833	847	新人王
4	高橋由伸	18年	0.300	1753	986	
5	広岡達朗	13年	0.314	1081	465	新人王
6	坪井智哉	14年	0.327	976	265	新人最高打率、新人王取れず
7	横田真之	10年	0.300	727	239	
8	渡辺 清	7年	0.303	476	200	
9	牧 秀悟	1年	0.314	153	71	2021年入団

を放っている証拠である。日本シリーズは10回経験（長嶋12回）している。

話を戻すが、新人で３割打つとその後のプレッシャーがすごいのではあるまいか。これまでに、おそらく何千人のいや何万人もの人がプロ野球選手として参加したはずである。それにもかかわらず新人で３割を打ったのは、ほんのわずかに９名しかいない。その数値は生涯３割（４００打数以上）打者の25名よりはるかに少ない。本当にすごい記録なのである。

３割打った新人の生涯成績はどうだろう。意外である。⑤～⑧の４名は、広岡以外はパッとしない。その理由はいろいろあると思うが、私が思うのは、新人で３割を打った打者は他の打者と比較して体力、気力の消耗度が2倍も3倍もあるのではないのか？　その重圧度、苦痛度がこうした意外な結果をもたらしていると思う。そう考えると、改めて清原のすごさが理解できる。

すでに何回も述べているが、優勝することを背負っているチームにいるときの4番と下位のチームの4番とは価値が違う。清原は新人から高卒で3割を打ち、かつ4番として日本シリーズに10回出場した。その実績はある意味、張本や落合以上と言えまいか。また、晴れ舞台のオールスター戦MVP7回はスター性も兼ねている。彼が残した記録は〝目に見えない大記録〟と言えるだろう。

さて、清原が長嶋以上の打者だったのか。その資質は長嶋以上だったかも知れない。

王対長嶋

では、筆者は王と比較した場合どう見ているのか？　やはり、これを述べなくてはならないだろう。一応シーズンからの一般的な項目の比較をしてみよう。

表35　王 対 長嶋
三大タイトル等獲得比較

項　目	王 貞治	**長嶋茂雄**
首位打者	5回	**6回**
本塁打王	15回	**2回**
打点王	13回	**5回**
MVP	9回	**5回**
通算安打	2786	**2471**
通算打率	0.301	**0.305**
敬遠四球	427	**205**

首位打者の回数と通算打率以外は、王が圧倒している。打者のすごさを表す敬遠四球数も倍以上である。何も王と比較することなどないように思われる。そのため、数値の分析のような比較はここではしない。しかし、野村克也氏は次のように述べている。「……私はこのかた、本当の天才という人間を3人しか知らない。長嶋茂雄、イチロー、広瀬（叔功）だ」（『強打者』：江夏豊 ワニブックスPLUS新書より）。

ここに王の名前は入っていない。野村によれば持って生まれた天才性は、王以上ということであろう。しかし、また、生まれ持った才能（天才）がすべてではないということでもあろう（ここで、付け加えておくことがある。長嶋は才能だけではなく、大学時代の猛練習、プロに入団してから人目に付かないところでの猛練習。これがこの長嶋を作りあげた大きな要因である）。

野村氏はこうも述べている。「私が60年を超えるプロ野球生活でみてきた中で

No．1だと思うバッターは、左では王貞治、右では落合博満である」（『野球と人生」最後に笑う「努力」の極意』：野村克也　青春新書インテリジェンスより）

この言葉は、その選手の持つ天才性の度合いと選手がファンの前で示す結果、残す結果とは必ずしも一致しないということであろう。しかし、これは野村克也氏の意見であって答えは簡単ではない。何故ならば長嶋自身も猛練習を積んでいた。そして、王について述べるとあれだけの本塁打を毎年毎年コンスタントに打ち続け通算868本の不滅の記録を残した。これを〝天才〟でなくて何というのであろうか。両者は天才性、努力性というものは同じと思われる。しかし、長嶋の方に魅力を感じている人が多い。つまり、人気がある。それはこれまで述べてきたのであるが、ここでまた違う観点から見てみよう。やはり我々は人間である。だから人間的なものに魅力を感じるのであろう。将棋の世界で見ても、ミスのない大山康晴より必勝型になりながら30局近い逆転負けを喫した升田幸三の方が人気があった。記録でも差がついている。

王は言う。「プロというのは〝最高の球〟を〝最高の技術〟で打つ」ことであると。

長嶋は言う。「プロというのは〝ファンの打ってほしい時に打つ〟」ことであると。

両者はそういう意味においては、その言葉通りの結果を残したと言える。王は、本塁打を打つことを宿命づけられているプレッシャーの中で、不滅の本塁打数を記録した。長嶋はこれまで見てきた通りである。首位打者は全て最多安打王である。

傑出した天才性と努力性により、王は精密機械としての王と昇華し、長嶋は燃える男としての長嶋と昇華したのである。敢えていうならば王は求道者である。自分自身と向き合い、自分自身との戦いである。長嶋もそうであるが、ファンとの距離からみれば王は長嶋より距離があるだろう。長嶋は〝野球そのものの求道者〟というより表現は不適切かもしれないが野球を通した〝野球役者道〟といえると思う。このような姿勢を貫いたのは長嶋ただ一人だろう。さすれば王よりファンとの距離が当然近い。人気や惹きつけるもの、そういう意味において長嶋は王より上回っていると言える。

では私が考える最強、最高の打者とは？

打者（に限らず投手、あるいは他のスポーツでも）を評価するのは容易ではない。それは、これまで私が述べてきたことで理解していただくこととして、では私自身が〝最強、最高の打者〟とはどういった打者をいうのかこれまでのまとめとして述べてみたいと思う。

まず打者の優劣をはかる評価指標としては

1 実績で見る評価
2 天才性で見る評価
3 人気度で見る評価
4 他人の言葉等による評価等（国民栄誉賞、文化勲章等も含む）

といろいろある。この中で3の人気度で見るならあれこれ考える必要はなく〝文句なく〟長嶋であろう。チャンスで長嶋がバッターボックスに立った時のあの声援の凄さは尋常ではなかった。ある番組で音声の計測器で計ったら100ホンを超えていたと言っていた。しかし、これで長嶋が史上最高の打者（私個人としてはこれで充分であるが）とするのは、異論がでるであろう。人気の過多とその実力とが一致しているわけではないからである。人気には他の要素が含まれているからである。そういう意味においては4の指標も同じであろう（ただ、長嶋氏が令和3年10月に野球界で初めて文化勲章を受章した。こうなると3と4で史上最高の選手といっても文句は出ないと思うが)。

では天才性で判断するのはどうか？　いいと思うが1の実績と違い（3もそうだが）やはり数値的に表すことが難しい。これまで述べてきたのは、そういう面を数値化したい意図もあった。

さすれば、やはり、野球に特化した評価・指標である実績をもって見るのが当然といえよう。しかし、やはり難しい。それは、単純に積み上げた数字（量）でみるのか、その中身（質）で見るかによって違ってくる。間違いなく質、量ともその実績からみて文句なしに名があがるのは、王であろう。野村もすごいが通算打率が低い。落合、張本もすごいが、どうみても王にはかなわない。イチローはどうか？　最高の打者というのはやはり、3番、4番打者であることが前提になるべきであろう。打者、投手の二刀流（今年度は大リーグにおいて9勝、本塁打46本の大記録、そしてイチローにつぐ日本人二人目となるMVP獲得）の大活躍の大谷翔平（日本ハム、エンジェルス）はどうか？　喜ばしく、凄いがもう2〜3年様子を見るべきであろう。史上最強・最大のバッターはやはり、王ということになる。

しかし、私の見方は長嶋びいきになるがやはりその2の天才性を重視したい。もちろん、これは私が勝手に天才性の中身を決めているのであるが、長嶋に関してはみんなが納得できる結果を残しているからである。（私個人の判断）その一つが、新人の時の成績である。すでに、見ているように、実質的に長嶋と清原が一、二位を争うということになる。その後をみると長嶋ということになる。あとは、これまで見てきたように長嶋は二塁打から本塁打まで何でも打てる能力ではNo．1である。やはり天才性においては長嶋ということになるが王のように本塁打を打つことを求められている打者からみればやや不満であろう。そこで、わたしは、「3大舞台」（69ページの表25）＋「日米野球」（79ページの表28）での成績を取り上げたい。その「3大舞台」で長嶋は全て3割を打っており、日米野球では3割切っているが打率0・295で日本人打者としては打率1位の成績を残している。こんな結果を残せるのは長嶋ただ一人である。何故これを取り上げたのか。それは、（通算打率はともかく）ここに示されている結果というのは目指すとか積み上げたという性質のものではなく、完全に結果的？　といえるからである。結果的というのは繰り返すが、予め準備できるとか、そのために日常練習しておくというものではない。その時の、その瞬間に示された実力といえる。

それは、まさに天才性を示す最大の結果と言える。そこに立てば〝必ず結果を出す〟ことが出来る打者、長嶋。まさに、彼こそが史上最強、最高の打者と私は思う。

あとがき

「長嶋茂雄という男は、何かの基準を設けて上か下か、右か左かといって評価できる男ではない。例えその評価数値が高くても長嶋を小さく見てしまう、いや完全に見誤ることになる」というのが、私の長嶋に関するとらえ方である。

長嶋が「国民栄誉賞」を松井（秀喜）と共に受けた時、正直複雑な心境だった。舞台設定はさすがに長嶋氏にふさわしい、いや彼以外ではあり得ない設定で、当時の安倍総理が投手を務め当時の原（辰徳）監督が捕手を務めるというものであった。それはそれで満足のいくものであるにせよ、モヤモヤしたものがあった。何か長嶋をある基準に当てはめられてしまうような感じがしたからである。長嶋は希代のスーパースターである。そのようなものでは測れない存在である。それだけは読者に理解していただきたいと思う。

そういう意味では、私がしてきたことは矛盾する行為である。

しかし、後世の者にそのすごさを示すことができるのは、やはり数値しかない。そして、その結果として〝ミスタープロ野球〟の名を成さしめるに充分なものが得られた。私自身満足している。

参考文献

・『野球は人生そのものだ』長嶋茂雄（中公公論新社）
・『野球にときめいて　王貞治、半生を語る』王貞治（中央公論新社）
・『プロ野球　この4番打者がすごい！』編：別冊宝島編集部（宝島社）
・『別冊宝島521号プロ野球　4番打者　―データが明かす最強バッターの凄さ―』編：松下光志（宝島社）
・『レジェンドOBが選んだ！　プロ野球「史上最高の選手総選挙」』編：別冊宝島編集部（宝島社）
・『別冊宝島1658号プロ野球「日本シリーズ」伝説』編：宇城卓秀（宝島）、池畑成功（宝島社）
・『プロ野球100人栄光の4番打者』編：玉置肇（日刊スポーツ出版社）
・『1979年版　プロ野球記録大観』編：宇佐美徹也（講談社）
・『プロ野球　記録・奇録・きろく』宇佐美徹也（文藝春秋）
・『強打者』江夏豊（ワニブックスPLUS新書）
・『徳光和夫の巨人軍スカウティングレポート1999』徳光和夫（ぶんか社）
・『ミスター・ジャイアンツ「長嶋茂雄」その栄光の足跡』高山智明（スポーツニッポン新聞社出版局）
・『野球と人生　最後に笑う「努力」の極意』野村克也（青春新書インテリジェンス）

本文内の所属及び選手名は、登録当時、
及び２０２１年当時のものです。

〈著者紹介〉
三ツ森正人（みつもり・まさと）
1952年3月　兵庫県伊丹市生まれ。
2016年3月　NTT定年退職。
現在関連会社でビル管理人業務勤務。
著書に『昇る太陽　知られざる大東亜戦争とアジアの独立』（幻冬舎、2018年）がある。

ミスタープロ野球長嶋《やきゅうながしま》
数値《すうち》が証明《しょうめい》する軌跡《きせき》と奇跡《きせき》

2022年 2 月 1 日　第 1 刷発行

著　者　　三ツ森正人
発行人　　久保田貴幸

発行元　　株式会社 幻冬舎メディアコンサルティング
〒151-0051　東京都渋谷区千駄ヶ谷4-9-7
電話　03-5411-6440（編集）

発売元　　株式会社 幻冬舎
〒151-0051　東京都渋谷区千駄ヶ谷4-9-7
電話　03-5411-6222（営業）

印刷・製本　シナジーコミュニケーションズ株式会社
装　丁　　弓田和則

検印廃止

Printed in Japan
ISBN 978-4-344-93744-4　C0075
幻冬舎メディアコンサルティングＨＰ
http://www.gentosha-mc.com/